Reflexiones en Política y Economía Para un Mundo Mejor

Adolfo García Méndez

**Reflexiones en Política y Economía
para un mundo mejor**

ISBN 1-4196-8664-X

Lemar Publishers
110 E Savannah, C-201
McAllen, TX 78503
1-800-483-3223
956-631-7715
Fax: 956-687-4878
www.lemarpublishers.com

www.booksurge.com

Revisión técnica: Leonardo J. García
Portada: Fabiola Ferrebús
Tipografía/Formación: Leonardo J. García
Editor: Lemar Publishers

Impreso en Estados Unidos de América
Printed in United States of America

II

AGRADECIMIENTO

Le doy gracias a Dios por darme el tiempo, la claridad mental y por servirme de guía. Agradezco a mi familia, mis hermanos, a mis hijos y a todas aquellas personas que de una u otra forma me estimularon a seguir escribiendo. A Ernesto García McGregor por revisar el manuscrito, a Kaled Yordi y R.A. Pampolini por la colaboración de sus artículos.

Un agradecimiento muy especial a mi hermano Leonardo, por orientarme, por corregir el manuscrito, por su entusiasmo, por su Prologo y por hacer posible la publicación de este libro, y un personal agradecimiento a quienes lo leen, por permitirme compartir con ellos estas reflexiones.

Adolfo García Méndez

DEDICATORIA

A la memoria de mis padres, Antonio Maria García y Berta Méndez de García, quienes me enseñaron con el ejemplo.

Adolfo García Méndez

PROLOGO

¿Quién es esta persona que se atreve a reflexionar sobre Política y Economía sin ser político ni economista? ¿Quién le enseñó como hacer un buen Gobierno? ¿Será un Catedrático de una de nuestras Universidades Nacionales o quizás de una Universidad Internacional? ¿O quizás un analista reconocido de las finanzas, avalado por los periódicos y revistas de mayor circulación internacional? ¿Será un agente de la CIA o un personaje secreto del "Imperio" que nos viene a tumbar las creencias y dogmas que nos han hecho creer por muchos años la Izquierda Internacional? Ni lo uno ni lo otro. Se trata de un sencillo productor agropecuario venezolano, quién desde los 12 años de edad, su padre se lo llevó al campo, sacándolo de la escuela, para que aprendiera por su propia experiencia y bajo su guía de manos en la obra, a cómo manejar y administrar una finca agropecuaria, y poder mantener el sustento de sus hermanos y de su madre en caso de que su padre llegase a faltar (como en efecto pasó a los pocos años).

Con una capacidad de observación y análisis pocas veces vista en una misma persona, con un deseo de superación e información sobre el por qué de las cosas, comenzó hace mas de 30 años a escribir pequeños artículos periodísticos en los diarios locales y de circulación nacional venezolanos sobre sus reflexiones de lo que pasaba en el país y su gente. Poco a poco se dio cuenta de lo difícil que se tornaba la aprobación de sus artículos a ser publicados, sin aparente razón específica, excepto por el obvio desacuerdo con las "directrices editoriales" de los periódicos (manejados por la Izquierda).

Siguiendo mi sugerencia, decidió hacer un libro, que ha denominado sus Reflexiones en Política y Economía, y las diferencias entre un buen y un mal Gobierno para cualquier país del mundo, y así tratar de conseguir hacer un mundo mejor.

Cuando ya se acerca a su séptima década, mantiene un sentido común fabuloso, y un estilo tan claro y didáctico el cual pocas veces se ha visto en un autor autodidacta. Pienso que será muy difícil no estar de acuerdo con sus reflexiones, por lo sencillo de sus ejemplos y de sus análisis, fruto de las experiencias a través de su vida como un sencillo productor

V

agropecuario y empresario del campo. Los empresarios, los empleados, los obreros y los trabajadores verán en este libro un enfoque muy lógico de la correlación de la política y de los aspectos económicos que los afectan en su hacer diario. Estoy seguro que sabrán valorar las verdades de este libro, el cual viene a llenar un gran vacío en el mundo literario que trata sobre Política y Economia. Realmente considero a esta obra una Biblia político-económica al alcance de todos. Gracias por este libro, Hermano.

Dr. Leonardo García Méndez
Neurólogo Pediatra
Doctor en Ciencias Médicas
Profesor Retirado de
Universidad del Zulia,
University of Missouri-Columbia, y
The University of Texas Health Science Center at San Antonio

CONTENIDO

Introducción   1
Libres o encerrados   4
Igualdad   6
Igualdad y consumismo   10
No siempre se vive mejor con más dinero   12
El trabajo remunerado   14
El capital   15
La riqueza se crea   17
No todos pueden ser jefes   20
El dinero de los ricos   22
La creatividad del hombre libre   24
La plusvalía   26
Si es bueno para ricos mejor es para los pobres   28
Creación de riqueza a nivel macro   31
Liberalismo y Neoliberalismo   34
Por que aún hay países pobres   36
Los izquierdistas   39
La explotación del hombre por el hombre   42
Los modernos amos y esclavos   45
La izquierda y las pequeñas empresas   47
El enemigo   51
Reforma Agraria   54
El mundo cambia todos los días   56
El propietario, un simple administrador   60
La propiedad privada   64
La izquierda: ¿El pueblo al poder?   68
Copiemos siempre lo mejor   70
Nace una empresa: ¿Quién se beneficia?   72
Dar trabajo por proveer trabajo   74
Inamovilidad laboral   77
La especulación   80
Los aumentos de salarios por decreto   87
¿Pagar lo menos posible al trabajador?   94
El derecho a ganar más   96
El lujo   97
La mentira no cabe en democracia   99

VII

Pluralismo 102
Periodismo en democracia 106
¿Derecho criminal? 109
¿Cambiar libertad y eficiencia por
esclavitud e ineficiencia? 112
Otras interrogantes 116
¿A quien le gusta vivir sometido? 118
Otro engaño más 120
La tercera guerra 126
Los daños de la guerrilla 129
El derecho a defenderse 131
Creadores de pobreza 133
Y para qué más izquierda 134
Los verdaderos asesinos 138
De la teoría a la práctica 146
¡Que distintas serían las cosas! 150
¿Por qué algunos aun creen en la izquierda? 153
Corrupción ¿Quién la incentiva? 158
El verdadero culpable de nuestros males 162
Beneficios sociales 165
Los daños del proteccionismo 168
La falta de castigo 172
Pena de muerte. ¿Quiénes la aplican? 175
Dictaduras 180
Control de natalidad 184
Dictadores demócratas 187
El poder de los medios 189
Otros ejemplos de manipulación 194
La OPEP 196
El neutralismo 197
El poder mundial en manos de la izquierda 199
Espejo de un tirano en Venezuela 203
El desarme 206
Cuando nos ''explotaban' los norteamericanos 208
(El casi paraíso terrenal en Venezuela)
Mensaje final 213
Sobre el Autor 214

VIII

INTRODUCCIÓN

Escribía José Ingenieros: *Cuando pones la proa visionaria hacia una estrella y tiendes el ala hacia tal excelsitud inasible, afanoso de perfección y rebelde a la mediocridad, llevas en ti el resorte misterioso de un ideal.*
El ideal es un gesto del espíritu hacia alguna perfección.
Y los sistemas futuros desprendiéndose de añejos residuos místicos y dialécticos, irán poniendo la Experiencia como fundamento de toda hipótesis legítima.
¿Y cuál es nuestro ideal? Que estas humildes reflexiones analizadas desde otro punto de vista o con diferente cristal, puedan, de alguna forma, ayudar a desenredar los nudos que aún tienen la Política y la Economía y a encaminarnos a gobiernos más humanos, así como a la paz, al bienestar y a la prosperidad mundial. Que todos lo países del mundo, por ricos o pobres que sean, dejen de recibir daños para que puedan dar o recibir ayuda. Y no es tan difícil, ya que, por regla general, todos nos consideramos buenas personas. Y si apelamos a la memoria, a todas nuestras pasadas relaciones con nuestros semejantes, probablemente no recordemos a un solo individuo que a sí mismo se considere mala persona. En efecto, todos creemos ser buenas personas, y de reconocer haber actuado mal en algún momento, seguramente tenemos alguna buena justificación. Igual sucede cuando tratamos de recordar personas que juzguen equivocadas sus creencias o conocimientos, pues casi todo el mundo cree estar en posesión de la verdad, aún después de darse cuenta de que, algunas cosas que creían ciertas, estaban equivocadas.

Queremos, pues, compartir estas reflexiones en las cuales afirmamos: Que la propiedad privada no es un obstáculo para hacer al mundo más justo o más humano, y que la Izquierda, su acérrima enemiga, es en gran medida la culpable de nuestros males. Tenemos la firme convicción, que después de leídas estas reflexiones sin temores y sin presiones, serán en gran medida compartidas. Y este común mortal, consciente que las debía compartir, como lo ha hecho, ya puede en gran medida sentir la satisfacción del deber cumplido.

Sin embargo, debemos ser realistas, ya que las condiciones actuales en el mundo no son las más favorables para

1

escritos de este tipo, debido al acaparamiento por la Izquierda de los medios de información y opinión, así como de las editoriales y distribuidoras de libros. Por lo cual pienso que, debido a esto, el futuro de la humanidad podrían decidirlo los más importantes dirigentes de Izquierda. No obstante confío que estas reflexiones llegarán a éstos y puedan serles de gran provecho para sacar sus propias conclusiones e inteligentes decisiones. Pues, ¿en qué nos convertirían, si a la vez que nos impidan expresar nuestras ideas y pensamientos, sólo podamos leer, ver o escuchar (incluyendo a su misma gente) lo que nos permitan? Quizás algunos izquierdistas piensen que podrían en privado seguir leyendo a los partidarios de la propiedad privada y de la libre empresa, pero, ¿cómo y para qué podrían seguir escribiendo al enterarse que sus escritos no fueron editados, y por ello nadie los ve en las librerías? ¿A cuántos y posibles buenos escritores les negarían el derecho a surgir? ¿Acaso no les matarían antes de emerger? ¿Cuántos miles de libros buenos e importantes de autores diferentes jamás llegarían a conocerse por negarles el derecho a nacer?

Nuestro ideal es pues, que todos se den cuenta que la propiedad privada no es obstáculo para hacer un mundo mejor, y que podemos conseguir mayor bienestar, progreso y justicia con los medios de producción en manos privadas, de lo que se podría lograr con estos en manos de un partido político. Que podemos vivir en una sociedad más justa, sin prescindir de elementales derechos y libertades que incluso tienen hasta los mismos animales. Para que todos podamos sentir que vivimos en una Verdadera Democracia: Donde los funcionarios públicos estén al servicio de los ciudadanos, y no éstos al servicio de los funcionarios, como sucede en los regímenes donde los medios de producción están en manos de unos pocos. Donde todos podamos sentir que vivimos realmente en Libertad: Libres para hacer con nuestra vida lo que deseemos, mientras no perjudiquemos a los demás. Libres para inventar, fundar, crear, poseer o administrar cualquier medio de producción y de servicio. Libres para vivir con nuestra familia en la región que nos guste, o en el país que queramos. Libres para dejar o para llevarnos nuestros bienes y pertenencias, o para venderlos y comprarlos en otro sitio. O, ¿acaso no es al hombre libre a quien debemos la existencia, variedad y calidad de todas las cosas que hoy existen en el mundo: en nuestras casas, en nuestros sitios de trabajo, o en los millones de tiendas y supermercados? ¿Y no es al hombre libre a quien también debemos la existencia, calidad y variedad de servicios, así como la invención de casi todos los deportes, juegos y entretenimientos?

Deseamos pues compartir estas reflexiones con las cuales afirmamos que podemos alcanzar a vivir en una sociedad más justa, sin prescindir de derechos y libertades fundamentales como la libre expresión y publicación del pensamiento; o como la libre iniciativa o libre empresa, a quien también debemos la creación de casi todos los inventos, descubrimientos y adelantos tecnológicos modernos. Y porque al seguir viviendo en libertad, nos permitirá continuar aportando con el mismo entusiasmo nuevas ideas y reflexiones para seguir contribuyendo con mejores o nuevos productos y servicios al mercado, así como crear las nuevas y aún desconocidas técnicas y descubrimientos que puedan contribuir a aumentar el bienestar general y a construir un futuro mejor para todos. Igualmente deseamos que todos se den cuenta de que en libertad y en democracia, y sin necesidad de quitar los medios de producción de manos privadas, pueden corregirse mejor las injusticias. Que es más fácil corregirlas en un régimen democrático y de libre empresa, que eliminar éste para imponer una dictadura de Izquierda que sabemos trae abusos, calamidades de todo tipo y muchas necesidades, para después de quizás cuanto tiempo, y de muchas penalidades y sacrificios, tener que regresar a las prácticas del libre mercado, pero ya no en forma libre e independiente, sino a capricho de quienes nos tengan sometidos. Queremos pues, compartir estas reflexiones con todo el mundo: con los partidarios y defensores de la propiedad privada, y con la gran familia de Izquierda, sobre todo con los más inteligentes, capaces de sacar sus propias conclusiones y con suficiente carácter y determinación para tomar sus propias decisiones.

Adolfo García Méndez

LIBRES O ENCERRADOS

Somos mentalmente libres, cuando accedemos, o nos permiten, dar cabida en nuestro cerebro a toda nueva idea o pensamiento, sin dejarnos influenciar por la mucha o poca relevancia de quien lo expresa. Cuando esto hacemos, automáticamente nuestro cerebro acoge lo más inteligente, lo más lógico: $2 + 2 = 4$; y rechaza lo contrario, lo que nuestra mente nos indica que es equivocado: $2 + 2 = 5$; es lo que podríamos llamar nuestro razonamiento.

Lo importante es no cerrar nuestra mente a lo anteriormente asimilado, porque: El CEREBRO NECESITA ALIMENTO PARA CRECER EN CONOCIMIENTOS Y EN SABIDURÍA, NECESITA IDEAS PARA COMPARARLAS CON OTRAS Y SACAR NUESTRAS PROPIAS CONCLUSIONES. Porque toda persona en cualquier tema específico podría estar en posesión de la verdad, pero también podría estar equivocado. Pero a veces tropezamos con personas que parecieran tener un cerrojo en el cerebro, creen estar posesionadas de la verdad y por ello evitan para sí, e incluso también para los demás, leer o escuchar a aquellos que expresen ideas distintas a las suyas. Tienden a rechazar todo pensamiento o lectura que difiera con lo aceptado por ellos con anterioridad, sobre todo en áreas donde hay más desacuerdos como son las ciencias políticas y económicas. Naturalmente, cuando le cerramos o nos cierran las puertas a nuestra información y entendimiento, difícilmente podremos asimilar los razonamientos de los demás, ni mantenernos actualizados con los nuevos conocimientos o experiencias que surgen todos los días; sobre todo en cuestiones tan importantes como las Ciencias Políticas y Económicas. Debemos tener presente, que éstas no son exactas como la Física y la Matemática, y sobre las cuales se ha especulado mucho con teorías. Cerrarle las puertas a nuestro entendimiento, sería igual a convertir nuestro cerebro en una masa rígida e invariable, sin capacidad de cambio o discernimiento al igual que un disco programado de una computadora.

Nuestro cerebro NECESITA VER Y OIR para JUZGAR, es NUESTRA CONCIENCIA, es NUESTRO JUEZ, es ÉL con su extraordinaria capacidad de análisis, luego de adecuada y prudente reflexión, quien puede hacernos ver la DIFERENCIA entre lo CIERTO y lo FALSO o entre lo que podríamos considerar como BUENO o como MALO.

Lamentablemente en algunos países con gobiernos o regímenes dictatoriales, el común de la gente sólo tiene acceso a lecturas autorizadas; y en muchos otros países, supuestamente "demócratas", la izquierda solapadamente monopoliza los más importantes medios de información y opinión, así como las principales editoriales, distribuidoras de libros y librerías, o sea, que la gente sólo puede ver, leer o escuchar lo que la Izquierda desea. Y cuando al hombre le niegan el derecho a expresar públicamente sus ideas o reflexiones, y le impiden leer o escuchar lo que desagrade a quienes monopolizan la información, lo están colocando forzadamente en un fuerte torrente para que sea arrastrado por la corriente con una sola opinión: la de quienes se creen con derecho a pisotear y forzar a los demás a una sin duda equivocada manera de ver las cosas. Y esto es sencillamente esclavitud de la peor que pueda existir, pues al dominar la mente, también someten el cuerpo y hacen con la persona todo lo que deseen.

IGUALDAD

No pretendemos desentrañar la forma de cómo ocurrieron los hechos en la evolución del hombre, sobre esto mucho se ha escrito. Sólo deseamos esclarecer que las desigualdades forman parte de la condición humana.

Desde que existen los hombres sobre la tierra, existen entre ellos las diferencias, al igual que las hay entre los mismos animales. Difícilmente encontraremos dos personas con el mismo temperamento, o con la misma voluntad, paciencia o perseverancia, o con la misma inteligencia, memoria, valentía u optimismo. Jamás encontraremos dos personas iguales o similares ni siquiera en UNA de la infinidad de aptitudes, vicios o virtudes que algunas tienen, y que otras no tienen.

Esas grandes diferencias fueron las garantes de que muchos de nuestros antepasados evolucionaran para ir saliendo poco a poco de la categoría de salvajes hasta llegar a convertirnos en lo que somos actualmente. Esas diferencias son también las responsables de que muchos quedaran rezagados y aún sigan salvajes. Pero igualmente entre los que evolucionaron también había diferencias, las hay en la actualidad, y seguiremos siendo diferentes, posiblemente hasta si fuéramos clonados.

Probablemente en aquel tiempo, el primer salvaje que pensó, al ver una cueva, que podría estar allí más protegido del frío, del calor, o de las lluvias, y decidió vivir allí con su familia, sentó la primera desigualdad material entre ellos: los que tenían hogar y los que no tenían. Y aunque poco fuera el mérito de este antepasado, sin embargo pensó y actuó, y esto lo hizo diferente. Habría otro que tomando un pesado madero por uno de sus extremos, pensara que con él podría defenderse mejor, o hacer más daño a su rival. Este humano también sentó un precedente: fue quizás el primer hombre armado que existió, y bien pudo llegar a convertirse en jefe de su tribu; este humano también fue diferente a los demás. Habría otro que al toparse con una piedra afilada pensó que podría usarla como herramienta para cortar, tallar, o mejorar su arma de combate. Y surgirían otros con nuevas ideas que pondrían en práctica y que les darían otras ventajas para defenderse, o para alimentarse, o para hacer su vida más segura y agradable y que sin duda les destacaba y diferenciaba de los demás. Y llegaría el día en que alguien pensó en guardar comida del tiempo de abundancia para los días de penuria y escasez; para esos días que pasaban muy mal por falta de comida: y recogió y guardó frutos o semillas como nueces, cocos u otros frutos secos duraderos, lo que también les ponía en situación ventajosa frente a los demás. Y habría otros más curiosos que observaron la germinación de semillas de gramíneas u otras plantas con frutos comestibles conocidos, y tuvieron la suficiente voluntad de recogerlas y sembrarlas, probablemente cerca de su hogar para observarlas y cuidarlas. Y así tendríamos los primeros agricultores. Y habría otros que al ver aquellos resultados, se animaron también a guardar y a sembrar, y entraron en el grupo de los voluntariosos y precavidos, y que pasaban menos necesidades. Es probable que algunos se burlaran al ver a esos primeros "estúpidos" humanos que a veces no comían por tratar de guardar fruto o sembrar grano. Y jamás sembraron; preferían seguir viviendo como siempre lo habían hecho: cuando había se comía y cuando no había se aguantaba o se moría. Ya aquí podemos observar algunas diferencias o desigualdades entre aquellos primeros primitivos: los que trabajaban y los que no, los que guardaban y los que no, los que sembraban, cuidaban y cosechaban y los que no lo hacían. Los que mantenían comida y los que no tenían, los mejor alimentados y los desnutridos, los que evolucionaban y los que se rezagaban. En fin, dos tipos de seres que a medida que pasaba el tiempo la evolución natural los hacía más diferentes. Mas sin embargo, todos vivían en libertad, a su manera y haciendo lo que querían. Y mientras unos seguían salvajes, otros salían de esa categoría.

Ahora imaginémonos viviendo en aquellos primeros tiempos con ideas de igualdad y diferencias de clases entre humanos. Que ya existiera un jefe al que todos obedecieran y que a nombre de la igualdad y de los más necesitados, ordenara confiscar el grano guardado a aquellos primeros agricultores, para repartirlo entre los que no tenían. El primer efecto observado al obligarlos a entregar lo que con tanto esmero y entusiasmo guardaron, sembraron y cosecharon va a ser la pérdida de su independencia y libertad, tanto individual como de grupo. Si ello hubiera sucedido, lo más seguro es que aquellos pioneros de la agricultura no habrían vuelto a sembrar ni a guardar grano, por lo menos en forma voluntaria, con la grave consecuencia de retroceder para seguir siendo salvajes. Y en el caso de obligarlos a sembrar y a cosechar, entonces habríamos tenido, como otras tantas veces en la historia del hombre, dos clases muy diferentes o desiguales: Los que mandaban y los que obedecían. Los amos y los esclavos.

Ahora trasladémonos a la época cuando publicaban por primera vez el Manifiesto al inicio del movimiento comunista. Imaginémonos que en esos momentos hubieran contado con el suficiente apoyo político para instaurar el comunismo en todo el mundo. ¿Que habría sucedido? Empecemos por una de las "injusticias" que los marxistas siempre criticaron a la empresa privada y que aún "enseñan" a los estudiantes en algunos países. Según esos teóricos, la clase privilegiada en su afán de lucro se las ingeniaba para explotar o dejar sin trabajo a los trabajadores, y para ello inventó LAS MÁQUINAS, las cuales hacían y aún hacen posible que las fábricas, o las granjas agrícolas privadas aumenten la producción con menos obreros o sin necesidad de aumentar su número. Sin lugar a duda que una de las primeras decisiones habría sido eliminar a estas enemigas del proletariado. Prohibir su invención y construcción. Significaba condenarnos a los sistemas de producción que existían para la época. Significaba someternos a todos desde ese momento, condenarnos al estancamiento y a seguir viviendo casi primitivamente.

En libertad, siempre habrá personas deseosas de superarse, de mejorar, de ser más que los demás, de buscar mayor comodidad, y querer llegar a ser importantes. Pero cuando la gente pierde la libertad, con un sistema impuesto que pisotea a todo el que se atraviese en el camino, que monopoliza la información, la opinión y las ideas, y engaña y tergiversa los hechos, entonces la igualdad es inmensamente MENOR, pues se hace infinitamente más grande la desigualdad entre quienes pierden la libertad y quiénes la quitan.

Es muy fácil igualar a un grupo de personas quitándole a los que tienen para repartirlo entre los que no tienen, de manera que todos queden materialmente iguales. Pero, ¿cuántos días podrían permanecer así? Incluso podrían desnudarlos a todos, de manera que no posean absolutamente nada. Pero aún así, a las pocas horas, si los dejan, algunos buscarán la manera de estar más abrigados o más cómodos, y podrían fabricar un lecho o una cobija. Y ya este solo hecho de poseer un lecho o una cobija, mientras los demás carecen de todo, los hará inmensamente ricos o desiguales en comparación con los demás.

Sólo parcialmente y por la fuerza podría conseguirse algo de igualdad material entre la gente. Sólo parcialmente y obligadas podrían igualar materialmente a un grupo de personas. Pero siempre habrá la mayor desigualdad entre quienes imponen este tipo de 'igualdad' y a quienes a ella someten. El mejor ejemplo: los regímenes dictatoriales de izquierda. ¿Por qué buscar igualdad en la esclavitud y la pobreza, en vez de tratar de conseguirla en la prosperidad y en libertad?

La historia está llena de movimientos o revoluciones a nombre de la igualdad, pero siempre terminaron generando mucho más desigualdad de la que había. El hecho mismo de quererla imponer la genera. Y entre más traten de mantenerla, mayor será la desigualdad entre quienes la imponen y a quienes a ella someten.

Pero sí hay maneras de conseguir menor desigualdad material entre la gente sin perder la libertad, pero sólo posible en regímenes libres y democráticos: Una es tratando de estimular al rezagado, si es que desea mejorar y superarse; y otra es dándole protección cuando la necesite. El estímulo a la superación es importante, pero funciona también en forma desigual.

En un sistema libre con el transcurrir del tiempo algunos de los de abajo sobrepasarán a los de arriba, otros se igualarán, otros bajarán de condición y otros fracasarán por completo, pero a la hora de las comparaciones, siempre encontraremos desigualdades, porque es lo lógico y natural.

Sin libertad, bien podríamos culpar de la desigualdad a quienes por la fuerza o el poder nos tengan sometidos, lo que nos hace tremendamente desiguales. Pero nunca podrán echarnos la culpa de la desigualdad en que estemos, mientras tengamos la libertad de hacer lo que queramos. Una persona o un pueblo trabajador que se haya superado, no tiene culpa de que los otros no se encuentren en iguales o mejores condiciones.

IGUALDAD Y CONSUMISMO

Todas las comodidades que tenemos hoy en día se las debemos a hombres libres que quisieron ser diferentes a los demás. Que quisieron superarse, que buscaron la forma de darse comodidades y que al tenerlas, lógicamente quedaron en desigualdad con los demás. Hoy en día, los hombres libres siguen inventando cosas para su bienestar. Sin embargo, las dictaduras de izquierda, incapaces de producirlas, encontraron una palabra para criticar todo lo que inventaban y vendían los ciudadanos en los países libres, y le pusieron por nombre "consumismo". Ellos querían que las viéramos como cosas que no hacían falta. Era tal la manipulación y la campaña de descrédito que la izquierda hacía, que hasta el mismísimo Papa en el Vaticano criticaba el "consumismo". Esto nos hace pensar que si la izquierda se hubiera instalado en todo el mundo cuando nuestro único transporte era el caballo, posiblemente aún lo fuera, porque todo nuevo invento habría sido consumismo. O cuando aún no existían las sillas, ¿acaso no habría sido consumismo el haberlas querido fabricar y vender? ¿Se imaginan la enorme desigualdad que habría sido ver a alguien con su tremenda silla y los demás sin nada? Probablemente la habrían confiscado para evitar la desigualdad y el consumismo y aún estaríamos sentándonos en el suelo o en las ramas de los árboles. Hoy, una silla no puede parecernos consumismo. Pero así pasa con todo: los aires acondicionados nunca hicieron falta, hasta que se inventaron los primeros, a ellos nos acostumbramos, y hoy son indispensables. Recuerdo muy bien cuando salieron los primeros teléfonos celulares; hasta leí un destacado artículo en el principal diario de la ciudad criticando a esos artefactos y a sus primeros usuarios. Puedo jurar que quien escribió ese artículo posee en la actualidad por lo menos uno de último modelo y le hace tremenda falta. Y es que si reflexionamos, lo único realmente indispensable es la comida. A nuestros hermanos que quedaron rezagados sólo les hace falta comida. Pues ciertamente las cosas sólo nos hacen falta, después de acostumbrarnos a ellas. Por lo tanto nuevas comodidades, grandes o pequeñas, para la izquierda habría sido consumismo. Así que menos mal que no llegó a instalarse en todo el mundo, pues habría acabado con el consumismo, o mejor dicho con el progreso y la evolución del hombre.

Y para darnos cuenta de como nos manipulan a través de los medios con sus "analistas" de izquierda, desde que los chinos se convirtieron en los primeros exportadores de productos no esenciales, gracias al regalo de Hong Kong que le dieron los ingleses y a los inversionistas occidentales, ya no se habla de consumismo.

NO SIEMPRE SE VIVE MEJOR CON MÁS DINERO

Desde muy pequeño en Machiques (Distrito Perijá, Estado Zulia, Venezuela), mi pueblo natal, por lo agarrado para soltar la plata, me llamaban tacaño, y por eso se me grababan los comentarios de la gente cuando trataban estos temas. A veces criticaban a paisanos, que trabajando desde muy jóvenes, fundaron grandes fincas donde criaban grandes rebaños de ganado con los cuales abastecían de carne a gran parte del país, y también de queso, que era casi la única forma de vender la producción de leche en aquel tiempo, pues no existían buenas vías de comunicación, ni plantas para pulverizarla y enlatarla. Pero lo que más me impresionaba era escuchar como los criticaban por su pobre manera de vivir. En efecto, eran de los primeros que se levantaban y los últimos que se acostaban, muchos comían, dormían y hasta trabajaban junto a los obreros, pues debían enseñar con el ejemplo. Les criticaban que no disfrutaran del dinero que ganaban, o de los grandes capitales que tenían. Vivían en casas humildes o modestas, no viajaban; en fin: VIVÍAN POBRES Y MORÍAN RICOS. Esta forma de ser tan frecuente entre los productores de la región, fue lo que inspiró a un gran personaje de la misma, Remigio Rincón, el popular "Perico", a una de sus célebres frases: "Los perijaneros son como la yuca (tapioca), hasta que no se entierran no producen". Quería decir que mientras vivían, muy pocos se daban cuenta de la fortuna que tenían, y que sólo después de muertos y enterrados podía saberse de los grandes capitales que tenían, y de los cuales disfrutaban más los herederos.

Hoy, la inseguridad política y personal en que se vive, los secuestros, el irrespeto a la propiedad privada, las invasiones de fincas y terrenos y su posible confiscación en un momento dado, han hecho, no solamente que los productores del campo trabajen con menos entusiasmo y tomen las cosas con más calma, sino también, que aprendieran a disfrutar más de lo que tienen.

El caso completamente opuesto a la manera de vivir de los productores agropecuarios de la región lo encarnaba el mismo personaje Remigio Rincón ("Perico"): POBRE, SIN CAPITAL, un sencillo vendedor de vehículos. Pero era la persona que yo más admiraba respecto a LA MANERA DE

VIVIR Y DISFRUTAR LA VIDA: Siempre alegre, bien vestido, con un buen carro, y no había fiesta ni baile en alguno de los pueblos de la región, que no contara con la presencia simpática del popular "Perico", siempre acompañado de las muchachas más bonitas.

Estos casos no son raros ni excepcionales, y se ven o se escuchan anécdotas, críticas o halagos a personas como éstas en todas las regiones, pueblos o ciudades donde exista la propiedad privada o el sistema de libre empresa.

Lo que tratamos de dejar muy claro es que NO PRECISAMENTE EL RICO VIVA SIEMPRE MEJOR QUE EL POBRE, NI QUE EL POBRE VIVA SIEMPRE PEOR QUE EL RICO. Y esto viéndolo exclusivamente desde el punto de vista material, porque si lo analizamos desde el punto de vista espiritual, o de la felicidad interna de la persona, que es precisamente la que más cuenta, encontraremos gente más feliz en los mismos barrios o en los sitios más pobres de las ciudades, que en los sectores más acomodados de la sociedad.

EL TRABAJO REMUNERADO

¿Quién fue primero, el huevo o la gallina? En verdad, nadie ha podido saber cuál es la verdadera respuesta, si fue el huevo para que naciera la gallina, o ésta para que pusiera el huevo. Igual sucede cuando tratamos de averiguar quién inventó el trabajo remunerado. O de quién fue la iniciativa, si fue del trabajador o del patrón. O cuando tratamos de saber cual de los dos se beneficia más. O quién le hace más falta a quien, si el trabajador al propietario o éste al trabajador. Sin embargo, es probable que sea al trabajador a quien le haga más falta un patrón, porque hay gran cantidad de pequeños negocios o empresas atendidas por el mismo propietario y su familia; y este tipo de empresa, si la obligan a permanecer así, puede subsistir sin ningún problema. Pero aquellas personas que carecen de ideas para arreglárselas por su cuenta, dependen más de alguien que les pueda ofrecer algún trabajo. De lo que sí podemos estar seguros es que, hasta el día en que nació el primer trabajo remunerado, no existían asalariados ni patrones. Que alguna de las partes tuvo la iniciativa. Que de no haber existido un ACUERDO entre LAS PARTES, no habría podido efectuarse la primera jornada de trabajo remunerado y voluntario. Y que estos acuerdos entre patrón y trabajador solo pueden darse EN EL MOMENTO EN QUE CADA UNA DE LAS PARTES VEA SU PROPIO BENEFICIO.

EL CAPITAL

Debemos tener presente que EL CAPITAL EXISTE EN TODOS LOS SISTEMAS DE GOBIERNO, Y EXISTIRÁ AÚN EN AQUELLOS MAS PERFECTOS QUE ESTEN POR VENIR. Porque en todo país existen bienes o riqueza que el hombre ha creado en su afán de superarse, y cada uno de esos bienes tiene un valor: el que le asignamos al compararlos con otros. Y cada uno de esos bienes o sumados unos a otros, es lo que llamamos CAPITAL o CAPITALES. Lo que deseamos es dejar muy claro, que EL CAPITALISMO NO SE ELIMINA DE NINGUNA MANERA, que SIEMPRE EXISTIRÁ, que lo que puede hacer en un momento dado, es cambiar de manos. Que LO IMPORTANTE es saber: DE QUÉ MANERA SE BENEFICIA MAS LA POBLACION, si bajo la dirección o administración de sus propios creadores, herederos, o posteriores propietarios, o bajo la dirección de quienes se APODERAN de ellos para monopolizarlos en una persona, o en un partido político.

Repetimos, llámense capitales, bienes o propiedades, existen en todos los países del mundo. La diferencia radica EN MANOS DE QUIEN ESTÁN. Quiénes son los verdaderos propietarios. Quiénes disponen de ellos, quiénes los administran. Si están repartidos entre millones de personas, lo que llamamos capitalismo privado, ejemplos: Estados Unidos, México y Canadá, o si están MONOPOLIZADOS, o sea, en manos de uno sólo o de unos pocos, ejemplo: el caso cubano. Aunque también en la actualidad hay países con capitalismo mixto, donde muchas empresas de servicio, por influencia de la izquierda están hoy en manos del Estado. Pero lo importante, lo fundamental es darnos cuenta de qué manera se beneficia más la población, y de qué manera y con cual sistema las personas tienen más libertades o están menos sometidas.

En los países con sistema de libre mercado y libre empresa, el Estado se limita mediante impuestos a obtener los fondos suficientes para la ejecución y mantenimiento de las obras públicas, parques, carreteras y servicios públicos, o para velar por la educación y seguridad jurídica y personal de todos, y por los que en un momento dado queden sin trabajo o necesiten de asistencia social.

15

En este caso, los propietarios quedan con la mayor parte de las utilidades por ellos generadas para destinarlas a lo que consideren más conveniente. Pues obviamente, además de ser los creadores del capital, y haber probado ser capaces y que saben dirigir, son los que más conocen sobre los problemas inherentes de su negocio.

EL CAPITALISMO, pues, no se elimina de ninguna manera. Lo que puede hacer es CAMBIAR DE MANOS. O está repartido entre millones de personas, generalmente en manos de sus propios creadores, herederos u otros adquirientes posteriores, o está en manos de quienes detentan el poder. Es lo que sucede cuando confiscan capitales o propiedades a sus legítimos dueños, pasando los bienes a la administración de un solo amo y señor, llámese partido, Estado o Fidel. Por más que pretendan hacerle creer a la gente que los bienes o capitales pertenecen al pueblo, en la práctica siempre serán de quienes los poseen y deciden todo sobre ellos. O sea que, contrariamente a lo que muchos suponen, en vez de redistribuirse, éstos SE CONCENTRAN EN MENOS MANOS, en MENOS personas, y probablemente en manos INEPTAS, que al final de cuentas, llámense como se llamen, en la práctica serán LOS ÚNICOS DUEÑOS O PROPIETARIOS.

LA RIQUEZA SE CREA

Mucho se ha especulado con la supuesta "distribución de la riqueza" como la fórmula para acabar con la pobreza, como el remedio para elevar el nivel de vida de los que muy poco o nada tienen. Lo escuchamos a cada rato en boca de dirigentes políticos y religiosos, o sus intermediarios "analistas" y periodistas. Este es uno de los errores más comunes que cometen. Algunos hasta se lanzan a las guerrillas marxistas, o se meten a "sacerdotes" para implorar la "bendita distribución".

Esta es una de las grandes falacias o mitos de los últimos tiempos. Naturalmente que los bienes se pueden distribuir en un momento dado, pero esto nunca llevará a los pobres a un bienestar duradero. Probablemente, lejos de contribuir a mejorarles el nivel de vida, lo que haga es empobrecerlos más.

El gran error o confusión mantenido a través de muchos años consiste en ver o analizar las cosas AL REVES de lo debido. En ver FALSAMENTE LA RIQUEZA como si ESTA SIEMPRE HUBIERA EXISTIDO. Y como si ALGUNOS VIVOS se hubieran APODERADO DE ELLA y NO le hubieran DEJADO NADA A LOS DEMAS.

Si llegáramos a alguna región del mundo para todos desconocida, y encontramos a TODOS los habitantes de esa región viviendo en forma primitiva, plagados de enfermedades, desnutridos y en la más EXTREMA POBREZA, a nadie podríamos culpar, ni podríamos decir que están mal porque no se distribuyeron la riqueza. En efecto, ¿a quién podríamos culpar si todos viven en estado de pobreza? Pero si al momento de llegar a esa región desconocida, encontramos a unos viviendo mejor que los demás, que se las ingeniaron para construir y tener mejores casas, que sembraban y comían mejor que los demás, entonces posiblemente sí les criticaríamos por la desigualdad en que viven. Es aquí cuando razonamos y actuamos al revés: en vez de reconocerles el mérito a los que se esforzaron y progresaron, y de procurar entusiasmar a los que aún viven en forma primitiva para que se superen también, pensamos por el contrario en quitarle a los que se esforzaron para darle a quienes nada hicieron. Mejor dicho, quitarle a los que con mucho sacrificio progresaron, para dárselo a quienes ningún esfuerzo hicieron.

Esto por supuesto desanima a los que se esforzaron y acostumbra mal a los que nada hicieron.

En la actualidad es muy raro que se critique a un pobre, por su despreocupación, o por su poco espíritu de superación. Tampoco criticamos a una persona de la clase media que haya tenido un negocio estancado por muchos años, con el mismo personal, con el mismo mobiliario, y que muy poco contribuye al progreso de su país. Pero en cambio criticamos a los que prosperaron, a los ambiciosos, a los que hicieron crecer sus negocios, a los que ahorraron y se esforzaron, a los que tuvieron buenas ideas y las hicieron realidad, a los que ampliaron sus fábricas o hicieron otras nuevas, a los creadores de nuevos empleos, a los que nos surten de los bienes que necesitamos y compramos, a quienes producen nuevos bienes y servicios y los llevan al mercado. Mejor dicho, criticamos precisamente a quienes CREAN la RIQUEZA Y BIENESTAR, como si le hicieran daño a los demás.

NI EL ORO, NI LAS PIEDRAS PRECIOSAS, NI MATERIA PRIMA ALGUNA QUE SE ENCUENTRE EN LA NATURALEZA, PUEDEN POR SI MISMAS GENERAR RIQUEZA O DARLE A ALGUIEN BIENESTAR. LO ÚNICO QUE CREA RIQUEZA y BIENESTAR ES EL TRABAJO CREADOR.

El oro y las piedras preciosas valen, solamente, cuando ya existen personas superadas CON EL ESFUERZO Y EL TRABAJO, que CREARON y POSEEN BIENES y ahora pueden darse el lujo de CAMBIAR un poco de esos bienes o riqueza: comida, vestido, vivienda, etc. por cosas como el oro, o las piedras preciosas, que casi solo sirven para mirar o lucir. Y aún así, hay que trabajarlas para que luzcan.

¿Para qué podía servir a los primitivos del ejemplo arriba indicado, de haberlos encontrado pisando sobre oro y jugando con diamantes? ¿Acaso podían ayudarles a mejorar el nivel de vida y a salir de la pobreza? En absoluto. No podía hacerles bien alguno hasta el día que llegaran personas poseedoras de riqueza y les ofrecieran cambiar el oro y los diamantes por bienes que si pudieran ayudarles: Unos insignificantes anzuelos y cabuya para pescar, o sierras, clavos y martillos que les ayudaran a fabricar mejores viviendas, o agujas e hilo para tejer, o semilla para sembrar. Y lo más importante: Enseñarles a TRABAJAR, así como las ventajas de la eficiencia, la voluntad y la constancia.

La riqueza NO SE DISTRIBUYE, la riqueza SE CREA. Y lo ÚNICO que crea RIQUEZA y BIENESTAR es el TRABAJO, sobre todo si va acompañado de BUENAS IDEAS, CONSTANCIA Y EL DESEO DE SUPERACIÓN. Por ello, si queremos que la riqueza llegue también a los demás, jamás debemos estar en contra de quienes hacen la riqueza, sino por el contrario, debemos facilitarles el camino. Tener siempre presente que las personas que PROGRESAN son precisamente las que CREAN LA RIQUEZA y BIENESTAR. Y que se gana mucho más enseñando a trabajar, a ahorrar y a producir al que no tiene, que quitando al que produce para darle a quienes no producen nada. Y que en vez de criticar a quienes hacen la riqueza, debemos más bien reconocerles el mérito y ponerlos como ejemplo a los demás. Y felicitarles, y entusiasmarles, y condecorarles, para que se multipliquen, y así contar con más personas generando riqueza y bienestar. Y aprender de su trabajo, de su organización, de sus ideas y experiencias.

Jamás obstaculicemos pues a quienes crean la riqueza, porque es igual a negarle a todos, sobre todo a los pobres, la prosperidad y el bienestar. Tener siempre presente que: una cosa es que las personas den espontánea y voluntariamente de lo suyo, y otra cosa muy distinta que las obliguen a dar.

Pero es bueno aclarar que nos referimos a situaciones normales dentro de una sociedad. Porque ahora hay muchos que se hicieron con bienes mal habidos, y que NO son verdaderos empresarios ni creadores de riqueza. Generalmente son funcionarios corruptos que justifican todos los males para conseguir sus fines. Y robar, así como otros graves delitos, es para ellos de lo más normal.

NO TODOS PUEDEN SER JEFES

Lamentablemente a algunas personas les hicieron creer que si existen pobres es por culpa de los ricos. Esto es completamente falso. Debemos tener presente que en todo país, sea cual sea el sistema de gobierno, deben existir necesariamente todas las ocupaciones para que una sociedad civilizada funcione normalmente. Desde administradores, ingenieros, médicos, agricultores, mecánicos y mesoneros, hasta recogedores de basura. Lamentablemente NO TODOS PUEDEN SER JEFES, pues para serlos deben tener a quien mandar, deben tener subalternos, y éstos son la mayoría. O sea, que en todo país, sea cual sea su sistema político, alguien debe desempeñar los puestos que a muy pocos nos gustan. No es posible evitarlo. Deseamos dejarlo claro, porque muchos en su imaginación podrían concebir un mundo igualitario sin subordinados y por lo tanto sin jefes, y esto es imposible. Lo importante es que a todas las personas se le respeten por igual sus derechos elementales: que todos tengan las mismas oportunidades de estudio y superación, y que las diferencias las hagan sus propias limitaciones o capacidades. Que todos puedan comunicar públicamente sus ideas a sus semejantes sin interferencias de nadie. Trabajar en lo que les guste, mientras sean capaces de ganarse la vida en ello. Y que toda persona esté amparada por una buena seguridad social, tal como ya existe en muchos países desarrollados con sistema de libre mercado y libre empresa, y donde hasta los más pobres viven mejor que aquellos que viven en regímenes totalitarios de izquierda.

En segundo lugar, debemos recordar que donde hay más pobres es en los países donde NO EXISTE la propiedad privada. Pues todos deben conformarse con ser obreros o empleados de la clase gobernante, que son los únicos dueños o amos absolutos del país, y los únicos ricos que reciben y disponen de todo el capital, mientras que el pueblo, marginado completamente de la política y de los medios de información y opinión, está condenado de por vida a ser como el ganado en una explotación ganadera: atenido a lo que el dueño crea conveniente. Esa es en realidad la igualdad que tanto pregona la propaganda de izquierda: la de ser todos pobres, esclavos del sistema y sin esperanzas de una vida mejor.

Pero también es bueno señalar, que todo tiene sus ventajas y desventajas. Que en los países libres o democráticos, por ser de plenas libertades, las personas son más entusiastas, soñadoras y emprendedoras que las que viven en aquellos donde los medios de producción están en manos de unos pocos; pero igual debemos decir que la vida en los países libres es más estresante, pues cada quien debe preocuparse por su porvenir. En cambio en los países con gobiernos totalitarios de izquierda la responsabilidad recae sobre los funcionarios; el problema es que éstos se preocupan más por ellos mismos, mientras que los demás quedan de manos atadas aguantando todo tipo de privaciones. Todo ello es de gran importancia a la hora de tomar en cuenta al sistema político que lleve mayor suma de bienestar y felicidad a las personas.

Otra consecuencia de los regímenes impositivos de izquierda es que rebajan al hombre a la categoría de animales domésticos: como los caballos o los camellos a quienes criamos para el trabajo o para competir, o como las vacas y las gallinas las cuales criamos para que nos den o sirvan de alimento, o como a los perros a quienes también alimentamos, cuidamos y enseñamos, pero siempre a nuestra conveniencia y para nuestro propio beneficio. Pues lo mismo que a nuestros animales sucede a las personas que viven sometidas en las dictaduras de izquierda: se las tiene encerradas y vigiladas todo el tiempo. No les permiten emigrar o vivir donde les plazca. Aprenden lo que sus amos ordenen o les permiten. Y la información o educación que reciben es de acuerdo a lo que sus amos desean que vean, lean o escuchen. Incluso hasta les racionan los alimentos, e igual deben conformarse con las medicinas y la atención veterinaria que les den. Y para colmo les condenan de por vida a tener que obedecer. Para esta clase, la de los eternos marginados, realmente es la pura igualdad: la de ser todos pobres, esclavos del sistema y sin la certeza de un futuro mejor, pues no depende de ellos.

El DINERO DE LOS RICOS

Veamos lo qué sucede realmente con el dinero de las personas que ganan mucho en los países de libre mercado y libre empresa. Pensemos en Don Antonio, que tiene una gran empresa con la cual gana mucho dinero. ¿Qué hace, o qué podría hacer este señor con todo este dinero? En primer lugar no puede dejarnos sin comida, no tiene más que una sola boca, un solo estómago, un solo cuerpo y no comerá más de lo que generalmente comen otras personas. Y a veces hasta menos, ya que como todo mortal también se enferma, o hace dieta porque quiere estar en forma. ¿O será que toma los billetes para quemarlos prendiendo tabacos como podrían pintarlo por allí? Ni aún así podría perjudicar a nadie, pues, como todos bien sabemos, sólo se necesita papel para reemplazarlos; además, todos terminan quemados cuando están viejos. Pero vamos al grano. ¿Qué puede hacer Don Antonio con todo ese dinero que producen sus negocios? Si la empresa de Don Antonio estuviera en un país con régimen de izquierda, donde los capitales los maneja el pequeño grupo que detenta el poder, probablemente no habría dado utilidades, pero de haberlas, éstas pasarían a los bancos y allí los planificadores del partido deciden que hacer con ellas. En un país con sistema de libre mercado y libre empresa, las utilidades de Don Antonio también van a un banco, y allí solo les queda una alternativa: PRODUCIR, pues naturalmente los bancos no deben tener el dinero ocioso por las pérdidas que les acarrearía, por lo tanto deben ponerlo a circular, deben ponerlo a producir. Y si Don Antonio no reinvierte el dinero, bien porque esté enfermo, desanimado, o frustrado de los malos políticos que solo le ven como a un explotador, serán los bancos quienes tendrán la tarea de distribuirlo en préstamos de todo tipo, a pequeños, medianos o grandes empresarios, y a otros que comienzan entusiasmados con buenos bríos y grandes aspiraciones. Naturalmente es probable que por inexperiencia o incapacidad de algunos que comienzan, una parte del dinero no logre su cometido, pero de todas formas el dinero se distribuye cumpliendo su labor social. Si en el país las cosas marchan políticamente bien, y nadie obstaculiza el trabajo de quienes desean crecer y prosperar, podría ser el propio Don Antonio, con su experiencia y capacidad demostrada, y con ayuda de su gente de confianza, quien se anime a reinvertir el dinero, bien ampliando su empresa, o fundando otras nuevas que evidentemente generarán más empleos, y más alimentos o bienes y servicios que puedan faltar o escasear en el mercado. Son personas como Don Antonio las que hacen posible el progreso en todo el mundo. Son ellos los grandes creadores de riqueza y bienestar, tanto en los países desarrollados como en los subdesarrollados. Por cierto, y disculpen que insista en esto, riqueza y bienestar de la que también se benefician los izquierdistas, y hasta probablemente más que los propios creadores o propietarios, que no solamente crean riqueza y bienestar, sino también son los que tienen la mejor organización y eficiencia y los que pagan mejor a empleados y trabajadores. Es a estas personas a quienes debemos admirar, estimular e imitar, y no por el contrario criticarlos e imaginarlos como los ogros enemigos de las clases populares, como los izquierdistas (enemigos de la propiedad privada) quieren que les veamos, con su implacable desinformación y propaganda. Son hombres y mujeres como Don Antonio los grandes benefactores de la humanidad, pues su progreso se traduce en riqueza y beneficio para todos. Y que, por más empresas que tengan, no le quitarán el pan a otras personas, sino por el contrario, al expandirlas o fundar otras nuevas, generan más comida, más empleos, y más bienes y servicios para el mercado, precisamente lo que hace el progreso, la abundancia y el abaratamiento de la vida. Son los grandes creadores de riqueza y bienestar. Además, todos morimos, y estos grandes hombres también, pero las empresas quedan allí produciendo y engrandeciendo el país y el mundo para beneficio de todos.

Naturalmente que, como todo el mundo, también querrán tener buenas residencias y vehículos, viajar, etc. ¿Y no son estas cosas, precisamente, las que más entusiasman a trabajar, a crear y a producir en los países libres? ¿Y además, estos dineros que se gastan en comodidades, no cumplen también una labor social al darle trabajo y comida a otras personas que también necesitan trabajar y comer?

LA CREATIVIDAD DEL HOMBRE LIBRE

Todos estamos conscientes de los millones de productos que se venden en tiendas y supermercados y en todo el comercio en general. Y cada día salen más. Y podríamos decir que todos nacen de la iniciativa privada. Será muy difícil encontrar productos en el mercado cuya invención se les deba a los izquierdistas. Estos bienes, al igual que las empresas que los producen, no los habríamos conocido si no fuera por la iniciativa privada y el esfuerzo de la gente común y corriente que trata de superarse, que trata de mejorar económicamente, de hacer dinero y sobre todo de ser importante. Y esto es muy difícil de lograr en los países con regímenes de izquierda. Pues, ¿qué interés tendría el partido para crear o inventar un nuevo tipo de champú, o de mortadela, o un nuevo tipo de salsa, o de papel, o de refresco? Pues bien, todos estos productos a través de los años fueron saliendo al mercado; a ellos nos acostumbramos, nos hacen falta, y muchos hasta nos son indispensables. Incluso podemos estar tan acostumbrados a ellos que nunca nos detuvimos a pensar que antes no existían. Pero hasta productos primarios como el azúcar o la harina de trigo, están a la venta gracias a la iniciativa privada. De alguien que pensó en la refinación para hacerlos más puros y duraderos, y en ponerlos a la venta en el mercado como una forma de hacer dinero y llegar a ser importante. De no haber existido estas iniciativas privadas todavía estaríamos machucando la caña de azúcar para obtener un poco de jugo, pues hasta los trapiches y el papelón son también fruto de la iniciativa privada. O estaríamos pilando el trigo o el maíz con un mazo en nuestros ranchos. Y decimos ranchos porque tampoco existirían la infinidad de materiales y herramientas que hoy usamos y que nos son indispensables para fabricar una casa moderna, como son la variedad de bloques, cementos, vidrios, cabillas, maderas, cerámicas, fórmicas, pinturas, cables y tubos de todo tipo.

Son millones los productos creados e inventados por el hombre en su afán de superarse, de darse a conocer, de hacer dinero y de sentirse importante. Y todos eran desconocidos hasta el momento en que sus creadores los introdujeron al mercado. Y cada día salen más. Pero en cambio, ¿qué producto de los que hoy compramos debemos su invención o producción a los cerrados regímenes de izquierda?

LA "PLUSVALIA"

Marx señalaba que la plusvalía era la diferencia que existía entre el valor de los bienes producidos y los salarios que reciben los trabajadores por producirlos, y que esta diferencia se la guardaba el patrón. Así de simple. No se percataba de la gran cantidad de circunstancias y situaciones que entran en juego para que pueda producirse la plusvalía, o mejor dicho, para que pueda producirse la utilidad.

Además, ya está más que demostrado que la cantidad de trabajo necesario para producir una mercancía es desigual en todas partes, dependiendo del cerebro que dirija el sistema y la forma de producción. La plusvalía puede haberla, como no haberla, dependiendo igualmente de la eficiencia y el modo de producción.

Pero no sólo hay que buscar eficiencia y rendimiento en el trabajo para conseguir algo de plusvalía; también hay que evitar los desperdicios de materia prima, el usar materiales o productos inadecuados, la rotura de equipos, el extravío de utensilios y herramientas e infinidad de detalles que hacen posible el ahorro de dinero para poder lograr plusvalía. Del mismo modo hay que buscar calidad en lo que se produce para ganarse la confianza del consumidor.

La plusvalía es también la que permite a la empresa crecer: invertir en nuevos equipos para modernizarse, producir mayor cantidad de bienes y servicios, realizar trabajos de investigación, dar un adecuado mantenimiento y crear nuevos empleos para satisfacer los requerimientos de la población. Pero lo más importante para conseguir plusvalía, es la organización y la coordinación de la empresa.

Sean privadas o del Estado, en cualquiera de los casos, las empresas deben arrojar plusvalía si se quiere proveer a la población de los necesarios alimentos, bienes y servicios y aumentar la oferta de trabajo debido al aumento poblacional. Si se repartiera la plusvalía entre los trabajadores, las empresas no progresarían, se estancarían, y por último fracasarían. Y cuando no hay el debido aumento de bienes y servicios, se da lugar a la escasez, colas o filas y racionamientos, precisamente lo ocurrido en los regímenes totalitarios de izquierda, a pesar del exiguo crecimiento de la población, debido a la imposición de severos controles demográficos como la forma más sencilla de paliar la escasez de alimentos, bienes y servicios.

La plusvalía en las empresas es vital para que los países puedan progresar. Y es precisamente en aquellos países donde se hicieron expropiaciones, estatizaciones o confiscaciones de empresas donde todos pudimos observar que éstas, no sólo carecían de plusvalía, sino que se convertían en una carga para los contribuyentes al mantenerse de sus impuestos, entre éstos, los de las empresas privadas que SI tuvieron plusvalía y que habrían podido usarse para nuevas obras públicas, o en mejorar las existentes, o en asistencia social, o en financiar nuevas industrias para el incremento de la producción.

Cualquier persona con la experiencia de fundar una empresa y progresar con ella, conoce estas realidades y sabe que si el Estado la hubiera administrado habría sido una carga para todos. Por ello el célebre y sabio refrán popular "El ojo del amo engorda el caballo".

SI ES BUENO PARA LOS RICOS, MEJOR ES PARA LOS POBRES

Lamentablemente, algunas personas piensan o les hicieron creer, que cuando las medidas que toma un gobierno benefician a los ricos, éstas son malas para los pobres. O que para beneficiar a los pobres hay que perjudicar a los ricos. Afortunadamente las cosas no son así. Por regla general, cuando las medidas son BUENAS para la empresa privada, también son BUENAS, no sólo para el PAÍS, sino que los MÁS BENEFICIADOS son los empleados y trabajadores. Y es algo muy lógico, porque al mejorar las condiciones de las empresas, mejoran las condiciones para CRECER, para aumentar la producción y enviar productos más baratos al mercado, para mejorar los sueldos e incrementar el número de empleados y trabajadores y para mejorar la productividad. También porque tendrán la suficiente y necesaria plusvalía que necesitan para ampliar la fábrica, el comercio o el servicio, o para abrir nuevas sucursales. Todo lo cual redunda en más empleos, mayor producción, mejores sueldos y más competencia. En cambio, si las medidas que toma un gobierno perjudican al SECTOR productor, los MÁS AFECTADOS serán precisamente los EMPLEADOS y TRABAJADORES. Dependiendo del grado en que el sector productor sea afectado, es probable que algunas empresas hasta tengan que despedir trabajadores, por lo que aumenta el desempleo, disminuye la producción, el país se deprime, y no existirán las condiciones para aumentar los sueldos a quienes se lo merecen. Hasta posiblemente aumente la delincuencia como consecuencia del desempleo y del alto costo de la vida.

No es necesario recorrer el mundo para darnos cuenta que cuando el sector privado progresa, todos progresan, y en especial, empleados y trabajadores. Pero igualmente cuando las medidas le perjudican, TODOS se afectan, el país se hunde y todos sufrimos las consecuencias.

Hace algunos años, Inglaterra pasaba por una de sus peores crisis: desempleo, inflación, déficit fiscal, y un estancamiento económico consecuencia de los anteriores gobiernos de izquierda que estatizaron empresas, y aplicaban impuestos cada vez más altos para enfrentar los hipertrofiados gastos burocráticos. Hasta que llegó una mujer con la cabeza bien puesta a poner las cosas en su lugar. Margaret Thatcher puso a valer otra vez a Inglaterra y fue reelegida como Primer Ministro dos veces consecutivas. ¿Y qué fue lo extraordinario que hizo? Precisamente lo contrario de lo que hacen los gobernantes de izquierda: por un lado rebajó los impuestos, con ello les quedaba a todos más dinero para comprar y a los inversionistas para invertir; y por otro lado privatizó las empresas estatales convirtiendo en propietarios a empleados y trabajadores, disminuyendo la burocracia y logrando que más personas desempeñaran trabajos productivos. Pero Inglaterra no es un caso aislado. Casi al mismo tiempo, en los Estados Unidos sucedía la misma cosa: desempleo, inflación, déficit fiscal, aumento en las tasas de interés, etc., consecuencia del gobierno populista de Jimmy Carter, con la única diferencia de que en ese país nunca existieron las empresas estatales. Ronald Reagan aplicó la misma política, por un lado disminuyó los impuestos y por el otro redujo los gastos burocráticos. Reagan igualmente sacó a su país de la recesión y del peligroso proceso inflacionario que se desarrollaba, y también fue reelegido.

Y si el aumento de los impuestos frena la economía de países desarrollados, ¿qué podríamos decir de los subdesarrollados que necesitan mucho más del trabajo y aumento de la producción?

Muchos parecen ignorar que si les va bien a quienes producen y crean los puestos de trabajo, les irá mejor a los que necesitan de esos trabajos y de esa producción. Algo muy lógico, pues, ¿cómo podrían las personas necesitadas conseguir trabajo o mejorar el que ya tienen, si a quienes pueden ayudarles también les va mal? ¿Acaso no es el crecimiento económico de la gente lo que hace la riqueza de un país? Si tienes una máquina de coser con la que haces pantalones, y alguien te obstaculiza su funcionamiento, sin duda producirás menos pantalones. Igualmente en la medida que obstaculizan a quienes crean la riqueza, en esa misma medida impiden el progreso y el desarrollo. Siempre lo inteligente es imitar los buenos resultados y apartarse de lo fracasado, y con más razón en política y economía, donde todos sufrimos las consecuencias. Por ejemplo: Si observas a dos cocineros que hacen tortas, y a uno le quedan buenas y al otro le quedan malas, ¿cuál receta escogerías a la hora de querer hacer una buena torta?

Lo más inteligente para ayudar a los más pobres es facilitarle las cosas al que produce o desea producir. Y los mayores éxitos son precisamente los de aquellos gobiernos que les ayudan.

Además, todos sabemos que los impuestos siempre han sido malos. Comprendemos que es un mal necesario, pero entre menos, mejor.

CREACIÓN DE RIQUEZA A NIVEL MACRO

Otro error, tan común como el de la distribución de la riqueza entre las personas, se comete también a nivel macroeconómico, cuando tratan de hacernos creer que existen países pobres por culpa de los países desarrollados.

Por ejemplo, cuando habitantes de una nación desarrollada llevan parte de sus bienes en equipos, materiales, y personal calificado a países atrasados, sea para extraer algún mineral, o para instalar algunas fábricas, o para desarrollar alguna agricultura, como fue el caso de las inversiones de Occidente en África y América. Al cabo de un tiempo, cuando ya el país está en plena transformación y miles de personas ya salen de la pobreza, comienzan los enemigos de la libre empresa a señalar diferencias de estatus entre la población, pero no positivamente, sino en forma negativa. Y en vez de agradecer a los inversionistas que una gran parte de la población se haya superado y ahora viva de mejor manera en comparación de como vivían antes de su llegada, señalan por el contrario las diferencias de estatus como si éstas siempre hubieran existido, queriendo hacer creer a los más pobres, e incluso a muchos de los que mejoraron su nivel de vida, que no están en mejores condiciones económicas por culpa de los extranjeros que los vinieron a explotar. Que son pobres por culpa de los inversionistas extranjeros y de todos aquellos que ahora viven mejor, incluyendo a los nativos que hicieron fortuna y mejoraron con la llegada de los inversionistas. Que son pobres por culpa de quienes ya no pasan necesidades, y cuyo único pecado fue tratar de mejorar y de ayudar a crear riqueza.

Y es que a los partidarios de la libre empresa los culpan de todo. Por mucho bienestar, progreso y comodidad que hayan generado, sus detractores siempre buscarán algún lado criticable o reprochable para acusarlos. Los culpan hasta de alterar o absorber algunas culturas primitivas. Aunque quizás la única forma de haber evitado la alteración de estas culturas primitivas es haberlas dejado a su suerte. Por ejemplo, para que las tribus africanas o americanas siguieran tal como estaban hace mil años, ninguna persona o gobierno ajeno a ellas debió visitarlas, empezando por el riesgo de transmitirse enfermedades para las cuales no estaban preparados. Era la única forma lógica de mantener esas diferencias de cultura, que son muchas, y las cuales podemos apreciar mejor cuando viven en regiones relativamente iguales en clima, suelos y disponibilidades de agua y recursos naturales. Pero cuando se unen, como es el caso de la colonización tanto en África como en América, la más desarrollada absorbe a la otra, no tanto por imposición, sino por evolución natural, pues nadie tiende a desmejorar, sino por el contrario, todo ser racional procura mayor bienestar: seguridad alimenticia, prevención y curación de enfermedades, y protección de su familia, pero siempre conservando costumbres o tradiciones. Precisamente éstos fueron los cambios operados en todo el mundo al mezclarse los colonizadores con los nativos en regiones donde por miles de años éstos llevaron una vida semisalvaje, en lucha constante contra las enfermedades, las inclemencias del tiempo y el ambiente salvaje que los rodeaba. Y es aquí en estos países con culturas distintas mezclándose entre si donde podemos observar el complejo proceso de evolución y cambio. Y de como las más desarrolladas absorben a las otras, pero no tanto por imposición, sino porque cada quien busca su bienestar. Y es en este proceso donde lógicamente se observan entre la población diferentes niveles de vida, pero siempre con la población primitiva viviendo mejor que antes. Esta integración o fusión natural puede tardarse cientos de años, y es durante este proceso evolutivo donde entran en juego prácticas políticas malsanas para ganarse el favor de los sectores menos favorecidos, con campañas bien orquestadas de desinformación, culpando a los más desarrollados de la alteración de sus culturas y tratando de hacerles creer a los más infortunados que están así por culpa de los que viven mejor. Esta era una de las más comunes y erradas aseveraciones sostenidas por la izquierda: culpar a los países más desarrollados de crear pobreza a los países que dieron en llamar del tercer mundo. Esto se lo creían hasta los propios intelectuales de Izquierda. Entre ellos hay un libro que el título lo dice todo: "Las venas abiertas de América Latina", de lectura casi obligada en nuestras universidades: una verdadera recopilación de odio hacia los norteamericanos y a los ingleses. Con este libro les inculcaban a los estudiantes un supuesto "desangramiento económico" que los países ricos le hacían a los pobres, además de la aparente explotación y dependencia económica de ellos. Estas eran supuestamente las causas de nuestros males, y sería la izquierda quien se encargaría de corregirlas. Hoy sabemos muy bien el error en que estaban, y son precisamente los propios dirigentes de izquierda quienes agotan todas las mañas para hacer que los capitalistas inviertan o "exploten" en sus todavía atrasados países, consecuencia de años de estancamiento. Esto lo entendieron los principales dirigentes de Izquierda, y por ello desde hace tiempo vienen comprando empresas y se han convertido en los principales capitalistas, pero, como todo lo de ellos, camufladamente.

Aunque todavía en sus propios países, la mayoría de los nativos carece de la suficiente libertad que hace falta para superarse y crear riqueza como ocurre en los países libres, lo cínico del caso es que muchas personas no se dan cuenta de la manipulación de que son objeto. Incluso en la actualidad, cuando hasta las máximas autoridades de la Izquierda Internacional tienen pleno conocimiento de que son los propietarios e inversionistas quienes crean y llevan el bienestar y la riqueza a todos los países. Por eso el interés actual en persuadir a todos los grandes capitalistas del mundo libre a que inviertan en sus atrasados países. Sin embargo, al no clarificar estas verdades y seguir confundiendo a la población, nos demuestran que realmente NO desean un mundo globalmente desarrollado, sin necesidades y con millones de propietarios, sino que para ellos, la prioridad es un mundo parcialmente desarrollado y con un solo propietario.

LIBERALISMO Y NEOLIBERALISMO

No debemos confundir Liberalismo con Neoliberalismo. O mejor dicho, no permitamos que nos confundan, porque cuando escuchamos o vemos en los medios de información y opinión a supuestos "analistas" políticos de izquierda, casi nunca se refieren al Liberalismo, sino al Neoliberalismo, y generalmente en forma despectiva, pues cuando a él se refieren, lo acompañan de la palabra salvaje, lo que es una contradicción. Pues NO EXISTE el tal Neoliberalismo salvaje, ya que precisamente se llama así, por ser la moderna forma de liberalismo que permite la intervención del Estado tanto en el terreno jurídico como en el económico.

Por su parte al Liberalismo sí podríamos llamarle salvaje, pero no fue invento de alguien. Es la forma natural que tienen las personas, desde que existen sobre la tierra, de cambiar o intercambiar una cosa por otra y en la cual se apoyaron y prosperaron todos los países que hoy consideramos desarrollados.

El liberalismo económico o de libre mercado, fue realmente el único sistema que probó ser capaz de crear suficiente riqueza y bienestar, y en relativamente poco tiempo. El liberalismo demostró su especial capacidad para elevar el nivel de vida de los pueblos. Bolívar, hombre sabio y que fue testigo en su tiempo del progreso de muchos países, decía: *"La sociedad desconoce al que no procura la felicidad general, al que no se ocupa en aumentar con su trabajo, talentos o industria, las riquezas y comodidades PROPIAS que colectivamente forman la prosperidad nacional"*. Pero no hay que confundir liberalismo con neoliberalismo, pues éste se caracteriza por el intervencionismo del Estado en las relaciones económicas que siempre existieron entre los individuos que integran la sociedad, así como en las organizaciones que crearon. Y es precisamente este intervencionismo con exceso de trabas e impuestos, el que llevó a muchos países a una crisis, al estancamiento o al fracaso. El Neoliberalismo es un liberalismo intervenido, guiado, dirigido, y por eso es un tremendo error referirse a él como salvaje, y los que mejor lo soportan son los países desarrollados, precisamente por eso, porque ya están desarrollados; pero entre menos impuestos e intervensionismo mejor. La historia y la experiencia nos enseña que entre más liberal es la economía de un país, más rápido progresa. Esto lo podemos observar hasta en las mismas dictaduras de izquierda cuando se abren a los inversionistas privados, al libre mercado y a la libre empresa.

¿POR QUÉ HAY TODAVIA PAISES POBRES?

Algunos políticos pasan por alto que los países desarrollados también fueron pobres. Y que no les fue tan fácil llegar a ser lo que hoy son. Que fueron muchos los años de penalidades y sacrificios que pasaron, y largas las jornadas de trabajo que tuvieron que realizar, incluso, hasta los más pequeños de cada familia. Que todos debieron hacer el trabajo y los sacrificios necesarios para superarse. Que nadie pretendió que el Estado u otras personas los tuvieran que mantener. Que el desarrollo sólo fue posible cuando cada persona o grupo familiar trató de satisfacer sus propias necesidades. Lamentablemente no se podía obviar el período de mucho trabajo y disciplina por los que debían pasar los países para alcanzar el bienestar general.

Venezuela, al igual que otros países latinos, también pudieran ser países desarrollados. Hemos tenido abundantes recursos económicos, y tiempo más que suficiente comparándonos con los Estados Unidos o Canadá, y tomando en cuenta que los colonizadores llegaron primero a tierras suramericanas mucho antes que a las norteamericanas.

Sin lugar a dudas muy distintas serían las cosas si nuestros gobernantes hubieran tenido la mentalidad política, disciplinada y trabajadora que hizo prósperos a los países del norte.

Grave error es achacarle nuestros males a nuestra idiosincrasia, a nuestra muy legítima y alegre forma de ser. Recordemos que en este aspecto Estados Unidos es el más heterogéneo de los países del mundo. No solamente hay anglosajones; también hay un gran porcentaje de latinos, negros, indios, asiáticos y demás razas y mescolanzas que existen. Sin embargo, esto nunca fue un obstáculo para el progreso y el desarrollo. Allí los latinos han demostrado ser trabajadores, inteligentes y progresistas, y también, que pueden ser tan disciplinados y ordenados como los demás.

Desafortunadamente en Venezuela y otros países latinos, sobre todo en los últimos decenios, predominaron las influencias anticapitalistas, populistas, marxistas o como quiera que se les llamen. Los resultados han sido catastróficos. Igual ha sucedido en otros países con las mismas experiencias populistas de izquierda, muy distintas a la cultura liberal y trabajadora que hizo prósperos a los países desarrollados. Y no se trata de casualidades. Somos pobres por los daños que ocasiona la ingerencia del gobierno en asuntos no concernientes a sus funciones. Somos pobres por el desprecio a los más elementales principios morales y religiosos. Somos pobres por dificultar el trabajo, al introducir términos como "explotación" y "lucha de clases", fomentando el odio, la indiferencia o el enfrentamiento de los trabajadores con los patrones. Somos pobres por la usurpación de autoridad: en vez de estar los empleados públicos al servicio de la comunidad, es ésta quien queda sometida por ellos. Somos pobres por la expropiación de medios de producción que funcionaban bien en manos privadas, creando corruptelas de todo tipo y desánimo y malestar entre la gente trabajadora y progresista. Somos pobres por la inseguridad jurídica y personal, y por tolerar y fomentar los desórdenes públicos, como las invasiones de fincas y terrenos y la fabricación de ranchos (casuchas), violando sistemáticamente el derecho a la propiedad. Somos pobres por la desmoralización que causan en toda la sociedad con sus lógicas y dañinas consecuencias. Somos pobres por el obstruccionismo y los cuantiosos y costosos trámites burocráticos, por inadecuadas y excluyentes políticas cambiarias, y por sucesivas y empobrecedoras devaluaciones. Somos pobres por las regulaciones de precios, por los impositivos e inflacionarios aumentos de sueldos y salarios, y por todos los demás obstáculos que deben vencer quienes tengan la iniciativa de querer hacer realidad algún proyecto o idea. Pero sobre todo somos pobres, por la destructiva práctica de la gente de izquierda de justificar todos los males para conseguir sus fines y protagonizar la corrupción en todos los aspectos.

Lamentablemente, nuestros gobernantes, muchos de ellos influenciados por erradas ''enseñanzas'' populistas totalitarias, nunca tomaron en cuenta los extraordinarios ejemplos y experiencias de todos los países que lograron el progreso y pleno desarrollo en completa libertad y con economías de libre mercado.

Por todo ello, muchos países aún siguen en la pobreza, y millones de personas pasan hambre y necesidades. Invitamos pues a la reflexión, a dejar a un lado estas injustas y criminales prácticas, y a cambiar esas infortunadas "enseñanzas" de izquierda en nuestras casas de estudio, que por mucho tiempo vienen confundiendo a quienes más tarde son protagonistas de injustas y deplorables situaciones socioeconómicas.

Sin duda, Venezuela, con inmensos recursos económicos, pudiera ser un país súper desarrollado, igual que otros como Argentina, que antes de la llegada de Perón, se encaminaba a pasos agigantados hacia un total desarrollo, hasta que llegaron los izquierdistas con sus políticas populistas, anticapitalistas, marxistas, o como quieran que les llamen.

LOS IZQUIERDISTAS

¿Cómo llamar a quienes quieren que los medios de producción, información y servicio estén en manos de un partido o de un gobierno en vez de estar repartidos entre millones de propietarios?

Sabemos que los comunistas son enemigos de la propiedad privada, y son de izquierda. Sabemos que los países que integraban la Unión Soviética se auto denominaban socialistas, eran enemigos de la propiedad privada, y son de izquierda. Pero ahora dicen que Suecia y Holanda son socialistas, cuando en estos países siempre se ha respetado la propiedad privada. Y ponen a la gente en un mar de confusión.

Socialismo deriva de **social** y **sociedad**. (Del latín *socialem* y *societatem*). Estas dos palabras, tanto la una como la otra se refieren al estado de los hombres o de los animales que viven sometidos a leyes comunes en cada uno de los diversos estados de la evolución: sociedad primitiva, sociedad feudal, sociedad capitalista, sociedad comunista, sociedad anónima, social cristiano, social demócrata, etc. Igualmente la palabra socialismo podría referirse a cualquier clase de sociedad: socialismo democrático, socialismo neoliberal, socialismo marxista, etc. Por ello, para evitar malos entendidos, prefiero no usarla. **En lo que sí estamos claros es que todos los enemigos de la propiedad privada son de izquierda.** Por lo tanto, a todas aquellas personas que acogieron las ideas de "igualdad material" y se convirtieron en enemigos de la propiedad privada en los medios de producción, servicio e información, opto por llamarlas izquierdistas. Así pues, cuando me refiero a la Izquierda en esta obra, me estoy refiriendo a los enemigos de la propiedad privada en los medios de producción y de servicio. Además el diccionario los define como revolucionarios y extremistas, y debemos recordar que los izquierdistas son expertos en manipulación, y por conveniencia son capaces de querer hacernos ver lo verde como negro y lo rojo como blanco. Ellos mismos se autodenominan o se hacen llamar según las diferentes caras o situaciones que se le presentan. Por ejemplo: al dividir a Alemania luego de la Segunda Guerra Mundial, la parte oriental que se anexaron los izquierdistas la denominaron: República "Democrática" Alemana, cuando todos bien sabíamos que de democracia sólo tenía el nombre. Sin embargo, lamentablemente, algunos periodistas respetan fielmente estas falsas denominaciones de la izquierda.

Lamentablemente, debido a los métodos crueles e inhumanos que utilizan los más radicales, se los ha condenado como gente malvada y sin escrúpulos, capaces de mentir, calumniar, robar, secuestrar y matar a sangre fría, y hasta de programar cerebros de personas inocentes para realizar actos suicidas criminales. No obstante, creemos que la responsabilidad de sus actos no es tanto individual, pues generalmente deben obedecer. Quizás la culpa sea más bien de quien propuso en algún momento, introducir como actividad normal de la izquierda, que se permitieran y justificaran todos los medios, donde se incluyen todos los males, para conseguir sus fines. Particularmente pienso que de los muchos y comprobados errores de esta ideología, lo peor y más dañino son estas maquiavélicas prácticas, las que más daños han ocasionado a la humanidad y a la misma ideología, pues la convierte en sinónimo de todos los males existentes. Estas maquiavélicas y despreciables prácticas son las principales responsables del rechazo a los comunistas en todo el mundo, y de que solamente les crean aquellos que ignoran sus procedimientos, o mientras ocultan sus creencias, ya que, hasta es difícil saber cuando mienten o cuando dicen la verdad. Lógicamente para los países donde los medios de producción están en manos privadas, los izquierdistas son muy perjudiciales, pues tratan por todos los medios de socavarlos e impedir su progreso. Esta es una gran desventaja para los países libres, no sólo porque no cuentan con la ayuda de estas personas, sino también porque sus talentos los usan para hacer daño. Lamentamos este desperdicio de talento, que muy bien podría ayudar a perfeccionar las democracias.

Paradójicamente los izquierdistas se sienten más a sus anchas en los países libres o democráticos, porque disfrutan de libertades que solo este sistema puede ofrecer, lo que les permite vivir y cumplir placentera y confiadamente con las tareas encomendadas, como son las de tratar por todos los medios de destruir al sistema de libre mercado y libre empresa. Pero estas libertades no las aprecian, porque las han tenido toda la vida, y como bien lo dice el refrán: "Nadie sabe el bien que tiene, hasta que lo pierde". Y es posible que muchos ni se den cuenta de que trabajan para hacer desaparecer estas libertades de las cuales ellos mismos también disfrutan, e incluso hasta más que los demás. Así pues, mientras los regímenes de izquierda obtienen de estas personas cooperación, los países democráticos en vez de ayuda reciben daños. Es como tener hospedado en tu casa a tu enemigo, y todo se lo permitas, para que termine echándote a la calle y quedándose con tu casa.

Para mala suerte de los países con sistema de libre mercado y libre empresa, a alguien se le ocurrió proponer y a los demás aceptar que "los fines justificaran todos los medios"; que estas prácticas fueran comunes en la actuación de los izquierdistas, sin importar las muertes y demás daños que dejan en el camino y de los cuales ellos también son víctimas. Son millones de personas en el mundo que de distintas maneras resultan y han resultado víctimas de estas prácticas aborrecibles.

LA EXPLOTACIÓN DEL HOMBRE POR EL HOMBRE

Quizás por argumentación anticuada y errada, o por manipulación y propaganda de izquierda de la cual todos somos víctimas, se asocia la explotación al sistema de libre empresa. O porque anteriormente, en un mundo tan escaso de todo y sin tecnología, cada quien trataba de trabajar al máximo, y de hacer trabajar, como la única forma de sobrevivir. Pero gracias a la Revolución Industrial, forjada por la iniciativa privada y el sistema de libre empresa, se logra un aumento explosivo de la producción que permite rebajar la jornada laboral y prohibir el trabajo de menores, lo que definitivamente no hubiera sido posible sin el aumento de la producción.

Pero en la actualidad, ¿dónde está la verdadera explotación del hombre por el hombre? Desde el punto de vista de la izquierda, la explotación depende de si le trabajamos a una empresa del Estado o a una particular. Por ejemplo: si usted trabaja en una empresa estatal, así trabaje mucho y le paguen muy mal, eso no es explotación. Pero si le trabaja a una empresa privada, puede jurar que a usted lo están explotando, así trabaje menos y le paguen más.

Afortunadamente aún podemos pensar o reflexionar, y la lógica nos dice que una persona es explotada cuando en el trabajo no puede o no se atreve a protestar. Cuando toda su vida es un subordinado del único patrón. Cuando debe y tiene que conformarse con el sueldo que le den. Cuando sólo puede trabajarle al único patrón: llámese partido, amo, comandante, o como le llamen, que se apodera hasta de la gente, la cual tiene que obedecer. Una persona es explotada, cuando no tiene otra elección que trabajar para su amo. Una persona es explotada cuando de alguna manera es castigada por el único patrón y no tiene más alternativa que aguantar. Una persona es explotada cuando la obligan a trabajar y no tiene a quien reclamarle sus derechos. ¿Y en qué países y con cuál sistema sucede todo esto? ¿Acaso no es en los países con regímenes totalitarios de izquierda? Y como la propiedad está monopolizada, los trabajadores deben conformarse con el trabajo que les den, pues donde quiera que vayan se encontrarán con el mismo dueño, con el mismo patrón. Esto obliga al pueblo a conformarse con el trabajo que le den, y a tener que soportar las imposiciones de su único patrón. Y olvídense de protestar porque les irá peor.

No cabe la menor duda de que hay más explotación cuando sólo tenemos un único patrón. Cuando obligatoriamente debemos trabajarle a él y conformarnos con el sueldo y el trato que nos de. Cuando ese único patrón pone las condiciones y no tenemos elección. No hay duda que hay más explotación cuando el trabajador no tiene alternativas.

¡Que distinto es cuando los medios de producción y de servicio están repartidos entre millones de propietarios! ¡Que distinto es cuando el trabajador busca la mejor opción, y puede poner condiciones y llegar a un acuerdo particular con el patrón!

¿Saben lo que significa que un grupito de personas, a nombre del pueblo, se apropie del poder, le quite los bienes a todos, y se conviertan en los únicos propietarios, e inmediatamente obliguen a todos a trabajarles a ellos? ¡Pero que maravilla! ¡Y así quién no se mete a comunista! ¿Pero, quién les da ese derecho? ¿Por qué diablos tienen que quitar a las personas lo que por tantos años y con tanto esfuerzo y sacrificio hicieron? ¿Y por qué impedir a las demás personas trabajarles a otros, si lo desean, lo disfrutan más y se benefician más? ¿Por qué impedir a las personas hacer con su tiempo lo que deseen mientras no perjudique a los demás? ¿Por qué no podrían trabajarles a otros, si así lo quieren y las dos partes se benefician? ¿Acaso trabajar a particulares, y no a los amos, ya es explotación? ¿Acaso pagarle a alguien por un trabajo ya es explotación?

Todos sabemos que lo importante no es para quien trabaja, sino, estar cómodo y contento con el trabajo, que lo traten bien, que lo tomen en cuenta como persona, que aprecien su esfuerzo, y que éste le permita cumplir con sus propósitos o metas. Pero esto es muy difícil de lograr en un régimen de izquierda, pues en este caso las razones para las cuales trabajamos se reducen sólo a una: cumplir con la obligación de trabajar, ya que nuestros amos son los responsables de darnos el sustento. No tenemos proyectos materiales o personales que cumplir, pues éstos son planificados por nuestros amos. Ni podremos con nuestros ahorros dejar de ser obreros o empleados y pasar a ser patrones, porque no nos permiten tener nuestro propio negocio. Nuestro destino lo deciden nuestros amos. Nuestro bienestar depende de ellos. Y por supuesto "no hay explotación", así nos esté yendo mal, y estemos descontentos con nuestra paga y con nuestro único patrón.

La lógica nos dice que si el trabajo es voluntario, sea para nosotros mismos o para otra persona, nadie nos explota. Es posible que nos explotemos nosotros mismos, como tanta gente que trabajó muchas horas diarias buscando su bienestar: el caso de los primeros colonos americanos, construyendo ellos mismos sus casas, arando la tierra, sembrando, cultivando y cosechando. Y es probable que sus ayudantes -cuando ya podían pagarlos- trabajaran tanto como ellos. Pero eran acuerdos voluntarios para ayudarse mutuamente, por lo que sólo había un gran esfuerzo de las dos partes para sobrevivir.

¿Cómo podría ser explotada una persona mientras trabaje a su gusto y en lo que le gusta, o mientras tenga la libertad de cambiar de patrón porque no le gusta el que tiene, o de buscar un mejor salario, o de montar su propio negocio porque no desea trabajarles a otros y quiere ser su propio patrón?

Una persona es explotada cuando NO puede cambiar de patrón a pesar de que no le gusta el que tiene. Una persona es explotada cuando sabe que su trabajo NO beneficiará a su familia, porque su bienestar depende de decisiones ajenas. Una persona es explotada en el trabajo cuando NO se puede quejar. Una persona es explotada cuando NO se atreve a exigir un mejor trato o un mejor salario. Una persona es explotada cuando NO puede salir libremente de la región donde vive. Una persona es explotada cuando NO puede dar a sus hijos la educación que él desea, sea política o religiosa. Una persona es explotada cuando NO le dejan montar su propio negocio. Una persona es explotada cuando deja de ser persona y la convierten en animal.

LOS MODERNOS AMOS Y ESCLAVOS

El mismo acto de querer igualar materialmente a la gente, produce la mayor desigualdad entre quienes a este acto someten y quienes lo ejecutan. Crean la peor desigualdad al dividir a la gente en dos clases muy diferentes: la clase gobernante, los modernos amos, que despliegan un poder insolente que naturalmente nunca lo querrán dejar para no tener que obedecer; y la clase sometida: los actuales esclavos a quienes se les hará muy difícil salir de ella, o mejor dicho, acceder al poder. Crean la desigualdad más extrema y la peor distribución de riqueza. Y, ¿a cuántos no les hicieron creer que vestidos de rojo estarían menos sometidos y en mejores condiciones económicas?

Y así, mientras en los países libres la riqueza se encuentra distribuida entre millones de propietarios, y no por pura suerte o casualidad, ni porque alguien se las repartiera, sino porque ellos mismos la hicieron, en los países en manos de la izquierda, ésta se apropia por la fuerza de la riqueza ajena, y la concentra en un grupo reducido, o hasta en un solo propietario o amo absoluto de todo. Contrariamente a lo que pregonan, la riqueza se concentra en menos manos y generalmente en manos ineptas, pues carecen de la capacidad y experiencia de sus propios creadores, fundadores, herederos, o posteriores propietarios. La clase trabajadora es sometida y explotada por el único partido o amo todopoderoso que todo lo controla e impone todas las reglas que obligatoriamente, el pueblo, -la clase que nada vale-, tiene que obedecer. Es la peor explotación del hombre por el hombre. Y es que para ser esclavo no es necesario que lo azoten. En la nueva versión de amos y esclavos en los regímenes de izquierda, el castigo mental puede ser superior al físico. Al dominar sus mentes esclavizan sus cuerpos. Es la forma más absoluta de esclavitud: de mente y cuerpo. Incluso pueden hacerlos suicidar cuando quieran. Es lo que hacen los jefes terroristas con los pobres musulmanes a quienes les colocan un cinturón, o les meten en un camión cargado con dinamita y los mandan a estrellar y a volar en pedazos con cientos de personas inocentes. Es peor esclavitud que la de años pretéritos. Porque los antiguos esclavos por lo menos tenían alternativas: como estaban repartidos entre miles de amos, todos diferentes, desde los más despreciables e injustos, hasta los más generosos, de buen trato y buenos sentimientos, quedaban atenidos a la suerte del amo que les comprara. Y cuando les adquiría un amo injusto, por lo menos tenían la esperanza de un cambio de amo, muy dado a suceder, pues a los perversos generalmente les va mal, y en esto influían los propios esclavos al trabajar de mala gana, y por esto terminaran vendidos. Otra diferencia de aquellos amos con los actuales era que la mayoría eran creyentes religiosos, creían en Dios y en sus mandamientos, lo que les comprometía a un comportamiento más humano. Además, todos deseaban el éxito económico, así como sentirse apreciados por sus esclavos, y estas dos cosas algunas veces se unían. En cambio, los actuales amos de izquierda son ateos y justifican todos los males para conseguir sus fines. Capaces incluso hasta de sacrificar a su familia, pues para ellos lo importante es conseguir y mantener el poder; el ser humano pasa a un segundo plano.

LA IZQUIERDA Y LAS PEQUEÑAS EMPRESAS

Una de las supuestas metas finales de la izquierda, además del inexorable sometimiento de las personas a los dictámenes de un único partido, es que los medios de producción, servicio, opinión e información NO ESTEN en manos privadas. No obstante, vemos como algunas veces, estando los izquierdistas en el poder, en gobiernos supuestamente "demócratas", hacen pequeños préstamos a personas de escasos recursos, y que, para el fomento de microempresas. Lamentablemente, debido a esa perenne práctica de utilizar y justificar todos los medios para conseguir sus fines, nunca sabemos cuales son sus verdaderas intenciones, ni siquiera sabemos cuando mienten o cuando dicen la verdad, pues hasta ellos mismos se engañan unos a otros. Pero suponiendo que efectivamente exista un propósito honesto de crear microempresas, entonces nos tropezamos con una contradicción: si la meta final de los izquierdistas es que toda empresa pase a propiedad estatal, ¿para qué entonces entusiasmar a humildes ciudadanos haciéndoles creer que podrán tener sus propios negocios si el destino final es quitárselos al consolidar la revolución? Naturalmente, esto nos hace reflexionar: ¿Será que ignoran que la gran mayoría de las pequeñas, medianas y grandes empresas que hoy existen en el mundo, comenzaron como incipientes micro empresas? (exceptuando aquellas hechas a realazos con dineros mal habidos de la corrupción oficial) ¿O será que no valoran los grandes sacrificios que deben hacer los nacientes empresarios, donde se incluyen muchas noches de vigilia y preocupación para lograr progresar o mantener a flote la naciente micro empresa? ¿O será que desconocen que cuando las personas trabajan entusiasmadas por su cuenta y se trazan una meta, para ellas no existe horario de trabajo, ni días de fiesta, ni horas de descanso hasta lograr sus propósitos? ¿O será que los futuros izquierdistas si van a permitir oficialmente el desempeño de las micro empresas privadas? Y siendo así, ¿cuál sería el motivo para exceptuar las pequeñas y las medianas? Y si también van a permitir el desempeño de las pequeñas y medianas empresas privadas, ¿cuál sería entonces el motivo para impedirles que se conviertan en grandes empresas? ¿Será que el gran pecado del "capitalismo" es que prosperen las empresas?

¿Será que cuando éstas crecen, generando más bienes de consumo, más servicios, más empleos y mejor tecnología, le hacen un daño muy grave a las personas y a la economía de un país? ¿Qué razones podrían tener los economistas, sociólogos o ideólogos de izquierda para impedirle a una pequeña empresa que emplee a más personas, produzca más y se convierta en una gran empresa? Y sabiendo que las empresas grandes pagan mejor a sus empleados y trabajadores e incluso dan mayores beneficios, ¿por qué entonces la fobia a las empresas grandes o a sus propietarios? ¿Y entonces, cuál sería el límite en tamaño, capital y número de empleos para crecer de una empresa? ¿En que momento la deberían frenar o expropiar? ¿O será que los izquierdistas sólo van a permitir aquellas micro empresas cuyo único empleado sea el propio dueño, o cuando más a su mujer y a sus hijos, si es que los tiene y estén en condición de trabajar? Y si realmente no van a permitir ni la más pequeña empresa privada, ¿Cómo entonces en estas condiciones podría progresar un país? ¿Quién les da el derecho a convertirse en amos para obligar a todos, y para toda la vida, a ser sus empleados u obreros que deben hacer lo que les ordenen? ¿Acaso los amos podrían procurarnos la infinidad y variedad de trabajos que a diario nos ofrece el libre espíritu creador y emprendedor que todos llevamos dentro? ¿Existirían las amplias variedades de pequeñas, medianas y grandes empresas que hoy conforman los países desarrollados y subdesarrollados de haber impedido al proletariado realizar sus sueños personales? ¿Será que los izquierdistas desconocen que los propietarios de hoy eran precisamente los pobres del pasado que no querían seguir siendo empleados u obreros? En efecto. ¿No sería mucho más difícil el progreso en todo el mundo si a todos nos conformaran con un empleo o un trabajo? ¿Qué país del mundo pudo superarse o desarrollarse con el partido como único dueño, patrón y empleador? ¿Existiría el progreso actual en el mundo si 150 años atrás nos hubieran impuesto el totalitarismo marxista, truncándonos la libertad y el espíritu emprendedor y creador que todos llevamos dentro? ¿Acaso no es la ambición y la superación personal las que hacen la grandeza de un país? ¿No es precisamente el sistema de libre empresa el único que ha demostrado ser capaz de crear riqueza, bienestar y elevar el nivel de vida de los pueblos? ¿Tan difícil es reconocer a los pobres de ayer sus ideas, su constancia, y el trabajo duro que tuvieron que realizar para llegar a ser lo que hoy son? ¿Qué razones hay para negar a las personas el derecho a poseer lo que logran con su trabajo, o con sus ahorros, si buscando su bienestar también consiguen la prosperidad de los demás? ¿Cuál fue la causa del fracaso -en todos los aspectos- de todos los países que incursionaron en el marxismo totalitario, sino precisamente el impedir la superación del proletariado? ¿Por qué ese empeño de los izquierdistas en concentrar toda la riqueza en una persona o partido, único dueño y señor, y a quien todos deben ciegamente obedecer, e incluso idolatrar? ¿Acaso podría existir mayor desigualdad? ¿O acaso podría existir mayor concentración de riqueza y poder? Y si llegara a globalizarse este poder, ¿podría acaso algún dirigente regional -de los que hoy colaboran para que ese poder mundial se haga realidad- impedir que sometan a los latinos a todas sus ocurrencias? ¿Quién se los podría impedir? ¿Acaso los fines no seguirán justificando todos los medios?

Ahora, reflexionemos. Si el marxismo fuera realmente un buen sistema de gobierno, ¿para que necesitarían de apropiarse de lo que hacen los demás? ¿Para qué necesitarían esperar que las personas desarrollen los medios de producción y de servicio para luego quitárselos? ¿Por qué debe ser un sistema parásito? ¿Por qué tratan de destruir al único sistema, que a pesar de los daños intencionales que le hacen, ha demostrado ya en muchos países, ser capaz de llevar el bienestar a todos, incluyendo a los propios izquierdistas que también lo disfrutan con sus familias? Imagínense un régimen totalitario de izquierda aguantando de otras personas los mismos daños e inconvenientes que debe soportar el sistema de libre empresa de parte de los izquierdistas. ¿Cuánto tiempo podría durar? Imaginémonos un régimen como el cubano que permita competir por el poder a otros partidos partidarios de la propiedad privada y de la libre empresa, con las mismas libertades que tienen los marxistas en los regímenes democráticos.

Esta es una de las grandes desventajas que tienen, hasta ahora, algunas democracias: permitir competir por el poder a partidos que no son demócratas, que vienen precisamente a terminar con la democracia. Imagínense que en vez de trabajar para dañar y hacer desaparecer al sistema de libre empresa, ayudaran más bien a perfeccionarlo. ¿Cuánto tiempo tardaríamos en disfrutar de un mundo sin pobreza, desarrollado, organizado, bello en todo su conjunto y en completa paz y libertad? ¿Lo pueden ver? Y sobre todo actualmente. El sólo hecho de estar disminuyendo espontáneamente los nacimientos en los países desarrollados y en muchos otros, es más que suficiente para que mejoren substancialmente las condiciones de vida de los empleados y trabajadores, al hacerse cada día más indispensables y colocarse por lo tanto en situación privilegiada. Y si en algunos países como en Estados Unidos o España no se nota tanto, es por la constante llegada de mano de obra económica e ilegal que viene de otros países y compite con la existente, tolerada sobre todo para socorrer a quienes huyen de la miseria o la tiranía impuesta por regímenes de izquierda.

"EL ENEMIGO"

¿Por qué ese odio de los izquierdistas a los Estados Unidos? ¿Cuál ha sido el gran pecado de los norteamericanos? ¿Será porque fueron de los primeros en independizarse, en dejar de ser colonia? ¿Será porque desde entonces ininterrumpidamente han sabido vivir en democracia, y siguen siendo la primera y más grande del mundo? ¿Será porque se desarrollaron primero que los países latinos no obstante y que los colonos llegaron a tierras norteamericanas más de cien años después? ¿O será porque acogen en su seno a millones de personas de todas las razas y credos que buscan una vida mejor o huyen de la miseria y las tiranías? ¿Acaso será porque "perjudican" a los países donde llegan a invertir? ¿O será porque nos compran de todo lo que producimos? ¿Será porque en la segunda guerra mundial cientos de miles de norteamericanos dieron su vida luchando contra el fascismo, y no se plegaron a los alemanes como lo hicieron Italia, Japón y España? Y la verdad es que estaban ante un gran dilema: o peleaban del lado de los nazis, o del lado de los comunistas. ¿Qué habría ocurrido si Estados Unidos se hubiera plegado en contra de los comunistas? Y entonces ¿por qué ese odio de muchos izquierdistas a los norteamericanos? ¿Será porque defienden su libertad, e incluso la nuestra y no se dejan someter? ¿O será porque tratan de defenderse de terroristas criminales que tantos males les hacen y nos hacen a todos? ¿Será porque inventaron la gasolina y el automóvil, y la infinidad de derivados del petróleo y nos los enseñaron a usar? ¿Será porque a ellos les debemos la industria petrolera? ¿O porque son tan gafos o tontos que nos la entregaron a los venezolanos por menos de lo que recibimos en un mes de ventas de petróleo? ¿Nos las habrían entregado los rusos o los chinos si hubiera sido de ellos? ¿Será que les odiamos porque nos enseñaron a pagar y a tratar bien a los trabajadores? ¿O será por falta de favores, porque no son tan espléndidos como los rusos, los chinos o los árabes "a los cuales les debemos tantas cosas"? ¿Será porque inventaron la televisión y las computadoras, y los celulares e Internet, y nos "obligan" a usarlos? ¿O será por todos los adelantos y descubrimientos en medicina que hoy nos salvan la vida a cada rato? ¿Será porque nos acostumbraron a los supermercados y a los expendios de comida rápida, y a las grandes tiendas por departamento? ¿O porque inventaron la iluminación y los aires acondicionados y miles de artefactos que hoy usamos? ¿Será porque inventaron el básquet y el béisbol, y nos los enseñaron a jugar y nos entrenan los muchachos y se los llevan a las Grandes Ligas? ¿O será que les odiamos realmente por ingenuos, por ayudar en la actualidad con grandes inversiones y tecnología a sus enemigos: los chinos, los rusos y a muchos otros países?

¿Y por qué les llaman tan despectivamente imperialistas? ¿Será porque al terminar la segunda guerra mundial, siendo los únicos que poseían el dominio de la Bomba Atómica, donde perfectamente y sin ningún problema habrían podido conquistar el mundo, y sin embargo no lo hicieron?

Yo personalmente les odio, porque habiendo podido desmantelar y eliminar al despiadado y antidemocrático régimen comunista, que desde entonces ha masacrado a millones de personas, y ha privado de la libertad a cientos de millones más, y que tanto daño aún le hacen al mundo y a los propios americanos, sin embargo no lo hicieron. Y es que son tan ''imperialistas'' que ni siquiera aprovecharon su poder atómico para llevar la democracia a todo el mundo, y en vez de ello, se regresaron tranquilos a sus casas. ¿Será que les odiamos, porque mientras los rusos (los pobres nunca han sido imperialistas) se anexaban unos cuantos países de Europa para esclavizarlos en su sistema, los americanos implementaban el plan Marshall y disponían de su generosidad y recursos de sus contribuyentes para ayudar a todos los países desvastados por la guerra, incluyendo a los rusos? ¿Será porque fundaron las Naciones Unidas con el fin de prevenir otras guerras mundiales y ayudar económicamente a las naciones más necesitadas, y ser además económicamente sus principales contribuyentes? ¿O será que les odiamos por su ingenuidad, al permitir que muchos países cayeran en manos de férreas dictaduras comunistas, incluso muchos que ellos mismos convirtieron en grandes productores de petróleo? ¿Será porque al querer defender a otros países de las garras del comunismo, que no descansa en extender su imperio, cometen el gravísimo error de combatir directamente a los grupos guerrilleros, sacrificando a su gente, en vez de enfrentar decididamente a quienes les arman, adoctrinan, asesoran, entrenan, y en resumen expanden su imperio de esclavos? Estados Unidos de Norte América: ''La gallina de los huevos de oro". País donde conviven y residen libremente todas las razas y culturas del mundo. Refugio de todos los que huyen del despotismo y de las tiranías. Donde muchos quisieran vivir. Del cual todos quieren comer y del que casi todo el mundo recibe beneficios. Y aún así lo quieren desarmar y someter, para que a los hombres libres no nos quede escapatoria. De desagradecidos está lleno el infierno.

"REFORMA AGRARIA"

Por más de cincuenta años observamos en Venezuela y en otros países latinos lo que dieron en llamar Reforma Agraria.

Quizás muchos podrían imaginarla como algo necesario, como algo justo que beneficiaría al país y a mucha gente. El problema es que, al iniciarla políticos de izquierda con ideas obsoletas, creen que debe hacerse compulsivamente, y hacer creer que quienes toman la iniciativa de invadir e irrespetar las propiedades son los campesinos o los "sin tierras". Por ello todo se vuelve un desorden y un bochinche. Y lo que muy bien habría podido hacerse en perfecta paz y hasta con logros importantes, y sin perjudicar al país ni a los propietarios, lo convierten todo en un desastre.

Porque todos sabemos que para que pueda tener éxito un proyecto, primero debe planificarse y organizarse. ¿Cómo podríamos construir un edificio sin proyecto, sin cálculos y sin los planos que se necesitan? ¿Cómo podría un grupo de personas construir un edificio con uno que otro material, y para colmo sobre un terreno ajeno y peleando con el propietario? Y esa es la Reforma Agraria que hemos visto en Venezuela y en muchos otros países.

¿Cuántas fincas hay en Venezuela que en un tiempo producían y que en la actualidad pudieran ser prósperas empresas productoras de granos, frutas, carne, leche, y generadoras de empleo? Lamentablemente estas fincas fueron invadidas, muchas se encuentran abandonadas y lo que han sido es una carga económica para todos los venezolanos.

En todos los países donde por influencias populistas se toleran o propician las invasiones de fincas y terrenos, se frena o baja la producción. Cuando el productor no se siente amparado, respetado y seguro en la tenencia de la tierra, de muy poco valen los incentivos que se pongan en práctica.

Además, ¿qué es lo verdaderamente importante, que la tierra se divida sin importar la ineficiencia, la poca productividad y el bajo nivel de vida de los campesinos, o la eficiencia, productividad y alto nivel de vida de obreros y empleados, como los que trabajan en las empresas agropecuarias privadas de los países desarrollados? ¿Quiénes viven mejor, los campesinos de las cooperativas Agrarias de Rusia, China o

Cuba, o los obreros y empleados de las grandes, medianas, o pequeñas empresas agropecuarias privadas de los Estados Unidos, Canadá o Europa? ¿Cuándo hizo falta reforma agraria en esos Países?

Debe tenerse en cuenta que en todos los países donde se respeta la propiedad privada, la tierra se reparte en forma natural ha través de los años. Cada vez que muere un propietario de un lote grande de tierra, generalmente ésta se divide entre sus herederos, y muchos de éstos venden, y a cada rato mueren propietarios de tierras.

En cambio, la Reforma Agraria que se ha hecho en estos países sigue siendo un obstáculo para el desarrollo agrícola y pecuario, porque frena la inversión en el campo y quita el entusiasmo, no sólo a agricultores y ganaderos, sino también a quienes están dedicados a otras actividades, porque ven igualmente la grave ausencia de autoridad, seriedad, orden y disciplina que debe caracterizar a un buen gobierno.

¿Acaso es propio de gente civilizada tolerar o incitar que se infrinja impunemente la ley? ¿Cómo podría un país producir sus propios alimentos sin antes acabar con este salvajismo que por tantos años ha perjudicado y atrasado la actividad agropecuaria en Venezuela y en otros muchos países? ¿Cómo podríamos producir nuestros propios alimentos sin antes llevar confianza, aliento y entusiasmo a los que producen? Pero debemos aclarar que los campesinos no son culpables. La culpa es de políticos fanáticos de izquierda que por ignorancia, confusión, egoísmo o corrupción los llevan a invadir.

Si realmente un gobierno desea adjudicar tierras a auténticos agricultores, debe hacerlo planificado, dirigido, concentrado lo máximo posible para bajar los costos y facilitar su organización. Pero sobre todo debe hacerse, en lo posible, en tierras buenas y desocupadas sin necesidad de invadir las tierras que producen o en vías de producir. En el caso de que las tierras estén ocupadas, primero deben indemnizar a sus ocupantes o propietarios, y luego planificar y adjudicar. Debemos tener en cuenta que el irrespeto a la propiedad, conduce a la corrupción, al desorden, a la impunidad, a la flojera, al desánimo, y a lo más importante: al DESABASTECIMIENTO, causa principal del encarecimiento de la vida.

EL MUNDO CAMBIA TODOS LOS DÍAS

Todos nos damos cuenta de cómo cambia el mundo continuamente, de cómo se multiplican los conocimientos y surgen nuevos inventos y descubrimientos. Tantos, que a veces nos cuesta asimilarlos y acostumbrarnos a ellos.

También a la gran mayoría de las personas se les hizo difícil entender que la tierra era redonda cuando todas las teorías que existían para la época indicaban que era plana. No fue fácil para la gente de aquel tiempo imaginarse que estaban flotando en el espacio. Nos gusta creer lo que vemos, y a la tierra la veían y aún hoy la vemos plana. Además, preferimos creer las cosas sencillas y no gustamos de las cosas complicadas y difíciles de entender. Si creemos hoy en la Teoría de la Relatividad, no es porque la entendamos, sino porque nos dicen que es cierta. A fin de cuentas, nos da lo mismo que sea cierta o falsa. Pero suponiendo que esta teoría fuera muy importante para todos, y que las opiniones de los científicos estuvieran divididas, probablemente la gran mayoría se inclinaría a estar de acuerdo con aquellos que les muestren lo que ven o sea mas fácil de entender.

Para el común de los mortales, es más fácil creer en los poderes de un Estado con buenas intenciones, que desea igualarnos y repartirnos a todos por igual, que creer en los poderes de la libre empresa. Además, los marxistas catalogaban sus teorías como "científicas" y quizás por eso muchos creyeron en ellas. Hoy sabemos que estaban equivocadas, y todas han sido científicamente descalificadas. Por ejemplo, en lo referente a la plusvalía, sabemos ya que la cantidad de trabajo contenida en una mercancía es desigual en todas partes, dependiendo de quien dirija el proceso y la forma de producción. Y que la plusvalía puede haberla o no obtenerla, dependiendo de la eficiencia y de el modo de producción.

Y es que el mundo cambia todos los días. Hay remedios que se usaron hace tiempo para curar enfermedades y actualmente no los usamos por lo dañino o poco efectivo que eran. Pero, supongamos que los médicos del siglo pasado en vez de prescribir los nuevos medicamentos y poner en práctica los nuevos descubrimientos, se hubiesen aferrado a los viejos tratamientos, por costumbre o por terquedad, ¿habría avanzado acaso la medicina? Sin duda estaría estancada; millones de personas habrían muerto y continuarían muriendo de enfermedades que hoy, afortunadamente, curamos o prevenimos con relativa facilidad.

En efecto, una cosa es lo que sabíamos ayer, y otra muy distinta lo que sabemos hoy. Por ejemplo: si llegáramos a necesitar hoy mismo los servicios de un galeno, ¿buscaríamos uno acaso con los conocimientos de hace cincuenta años? O si necesitamos reparar nuestro auto de modelo reciente, ¿solicitaríamos acaso los servicios de un mecánico que desconozca la nueva tecnología? O de requerir los servicios de un ingeniero en computación, ¿elegiríamos acaso uno con los conocimientos de hace cuarenta años? ¿Cómo podríamos obtener buenos resultados con personas no actualizadas con lo último en su ramo? Y esto cabe para todas las especialidades o profesiones, ya que, cualquiera sea el conocimiento, lo que hace algunos años creíamos que era lo mejor, hoy nos damos cuenta que ya no es lo más acertado. Por eso, lo lógico, lo natural es que, quién desee ejercer con éxito una profesión, cualquiera que sea, debe estar actualizado con los nuevos conocimientos y descubrimientos que en su campo van ocurriendo.

Si sabemos que médicos, ingenieros, mecánicos, agricultores y demás ocupaciones son indispensables para el mantenimiento de nuestra salud, el progreso y el bienestar de todos, ¿qué podríamos decir de aquellos que se dedican a las ciencias políticas y económicas de las cuales depende y está en juego el futuro de todos los ciudadanos? ¿Acaso no padecemos todos las desgracias y calamidades generadas por pésimos gobernantes e inadecuadas políticas económicas?

Y si sabemos que la Política y la Economía NO son exactas como la Física o la Matemática; que se ha especulado mucho con TEORÍAS y que se trata de actividades donde esta en juego nuestro futuro y el de todo el mundo, que DEPENDEMOS en gran medida de las EXPERIENCIAS de otros PAÍSES. Que nuestro bienestar y el de todo el mundo depende de nuestros GOBERNANTES. ¿Cómo entonces permitimos, a estas alturas del siglo XXI, que lleguen a puestos públicos de importancia personas MEDIOCRES, sin adecuada preparación y sin estar al tanto de las más EXITOSAS O DESASTROSAS EXPERIENCIAS POLÍTICAS y ECONÓMICAS DEL MUNDO?

Si sabemos de la gran responsabilidad que entraña DIRIGIR un PAÍS, y de lo GRAVE y DELICADO que es la IGNORANCIA y la IMPROVISACIÓN en los gobernantes, y de los GRAVÍSIMOS DAÑOS que a TODOS NOS ACARREAN, ¿Cómo entonces podemos permitir que ocupen puestos públicos de importancia personas MEDIOCRES, o que no exista una Ley que se los impida? Y si sabemos que todos los habitantes de un país, cada uno en su puesto de trabajo, en la infinidad de ocupaciones o profesiones que existen desde las más humildes hasta las de más prestigio, DEPENDEN DE LA BUENA GESTIÓN DE SUS GOBERNANTES. ¿Cómo entonces a estas alturas podemos ACEPTAR aspirantes a cargos públicos de importancia que aún crean en teorías o doctrinas obsoletas que PROBARON desde hace tiempo SER UN COMPLETO FRACASO EN TODOS LOS ASPECTOS? ¿Cómo pueden aún algunos medios de información u opinión, apoyar a personas mediocres -que ni cuenta se dan de los DAÑOS que hacen- para puestos públicos de importancia sin caer en GRAVE IRRESPOSABILIDAD?

Si para asegurar el éxito de cualquier misión en el espacio, los astronautas deben aprobar cientos de pruebas. ¿No deberían, con mayor razón someterse a PRUEBAS de INTELIGENCIA y de todo tipo a los candidatos a puestos públicos de importancia, sabiendo que ESTÁ EN JUEGO la VIDA MISMA y el BIENESTAR de TODOS? ¿ACASO EL PAÍS NO ES LA EMPRESA MÁS IMPORTANTE PARA TODOS? Y luego siguen las demás, ya que sus fracasos o sus éxitos también SE NOS REFLEJAN. ¿Se imaginan tener que HUIR de un país para evitar ser aplastados por individuos que se creen con derecho a pisotear y a esclavizar a los demás, sólo por creer en OBSOLETAS Y FRACASADAS TEORÍAS DE HACE DOS SIGLOS?

Realmente es lamentable que aún muchos países sigan en la miseria debido a estos creadores de pobreza, crímenes, hambre y necesidades, tan enfermos que hasta se creen más humanitarios que los demás. Mientras que no levantan un dedo para enfrentar el terrorismo, si son muy diligentes en buscar chivos expiatorios para todos los males por ellos generados. Y lo más lamentable: que se están apropiando de casi todos los medios de información y opinión para seguir confundiendo a mucha gente, con lo cual empeoran terriblemente la situación.

¿Cómo entender que en pleno siglo XXI, con tan avanzadas tecnologías, y sabiendo que está en juego la vida misma y el bienestar de todos, no exijamos que las personas que pretendan dirigir un país sean de las más inteligentes, capacitadas, responsables, demócratas, y que hayan demostrado que saben gerenciar? ¿Quién quiere tener individuos mediocres en puestos públicos de importancia, o que simpaticen con regímenes totalitarios que incluyen entre sus prácticas la mentira, el robo, la calumnia, el chantaje, el terrorismo y todos los males habidos y por haber? ¿Cómo confiar en personas de las cuales NUNCA se sabe cuando mienten o cuando dicen la verdad? ¿Cómo confiar en personas que al mismo tiempo están con DIOS y con el DIABLO?

EL PROPIETARIO, UN SIMPLE ADMINISTRADOR

Quizás el error más grande que cometen los seres humanos es creerse más humanitarios que los demás. Creerse mejores. Creerse poseedores de la verdad. Pensar que los demás están equivocados, y entonces quieren obligar a los demás a ser y a pensar igual que ellos. Este error es común en personas fanatizadas y parcializadas con regímenes o partidos políticos que no son demócratas, que sólo saben gobernar por la fuerza y la opresión. El izquierdista piensa que él y todos los que piensan como él son buenas personas. Pero a la vez piensa o les han hecho creer que los propietarios son malas personas y esto no es cierto. Y en vez de trabajar por mejorar el sistema en el cual viven y disfrutan, hacen todo lo contrario, y destruyen la democracia y nos entregan y se entregan ellos mismos a quienes quieren ser perpetuamente nuestros amos. Lamentablemente a estas personas les hicieron creer que los pobres estarían en mejores condiciones económicas si no existieran los propietarios. ¡Pero véase como manipulan a la gente! ¡Como si la riqueza se distribuyera siendo el partido el único propietario! ¿Acaso no es con estas "revoluciones" de miseria, crímenes y robo descarado, donde a nombre del pueblo se apropian de todo y se convierten en los únicos propietarios? ¡Que diferencia con los países de libre mercado y libre empresa donde la riqueza se encuentra distribuida entre millones de propietarios!

Otro grave error es ver a los propietarios como a los enemigos, cuando debemos mirarlos como lo que realmente son: Simples administradores de unos bienes creados por ellos, o en parte por sus padres -y por eso les duelen y los cuidan mejor que nadie- pero en la práctica son de todos, pues a todos benefician. Además, al morir, todo lo que fundaron y desarrollaron queda allí, beneficiando a todos.

El sólo hecho de surgir y progresar por propio esfuerzo, es la mejor prueba que saben administrar y crear riqueza. A ellos debemos la mayoría de los empleos y que existan en el mercado suficientes bienes y servicios. Son los que desarrollan los países, y quienes en vez de gastarse y disfrutar del dinero que ganaban, prefirieron ahorrar para ampliar sus fábricas o hacer otras nuevas, y producir más empleos, más bienes o más servicios. Sin embargo los critican y hasta los secuestran para arruinarlos o asesinarlos, y acabar precisamente con quienes crean la riqueza y bienestar. En cambio no criticamos a quienes ganando buenos sueldos en puestos burocráticos, nada ahorran y todo se lo gastan dándose la buena vida, y que muy poco contribuyen al progreso del país pues son simples consumidores. ¿No serían de más provecho estos dineros si cayeran en manos de gente emprendedora y ambiciosa? La izquierda critica y condena precisamente a quienes hacen el progreso y la riqueza, a quienes más se preocuparon, ahorraron y trabajaron para establecer un comercio, un servicio, una fábrica, una finca; y lo hicieron y progresaron, y con ellos todo el país. Y es algo lógico, ¿cómo podría progresar un país si no prosperaran las personas, sus negocios, o sus empresas?

Déjenme repetir esto: Ni el oro, ni las piedras preciosas, ni materia prima alguna que se encuentre en la naturaleza por si solas crean riqueza y bienestar. Lo único que crea riqueza y bienestar es el trabajo.

Otro gran error son los impuestos exagerados. El Estado es el gran depredador que estrangula y asfixia a todos, para que a las personas se les dificulte crecer o prosperar, para que nadie pueda ahorrar, y la gente tenga menos dinero para comprar. Y más grave aún cuando el gobierno se queda con el dinero. El Estado es el gran ladrón que no presta los servicios elementales porque todo el dinero se lo llevan para financiar su revolución en otros países, y llevar la miseria a nivel internacional y empeorar la situación en todo el mundo.

A los propietarios hay que mirarlos como lo que realmente son: simples administradores de unos bienes que ellos mismos hicieron, pero que en la práctica son de todos, porque a todos beneficia. Y cuando mueren, sus empresas quedan allí, produciendo y llevando bienestar a todos. Pueden cambiar de manos, pero igual siguen beneficiando a todos.

Otra cosa que se escucha es que quieren desheredar a los hijos. Debo decir a la gente de izquierda, que por favor no sean tan egoístas. ¿Acaso no fueron los hijos el mayor incentivo para sus padres? ¿Acaso no fue para ellos que en gran medida trabajaron para que no pasaran dificultades, para que no estuvieran atenidos a terceros? Y si los desheredan, les arrebatarían el derecho natural que tienen incluso hasta los mismos animales, como lo es, el de proteger a sus hijos. Además, debemos tener en cuenta que las habilidades y demás cualidades también se heredan, tanto las buenas como las malas. Y si los padres hicieron cosas buenas, lo más probable es que los hijos también. Y hasta los superen. ¿O acaso no son los hijos quienes desde niños se instruyeron del negocio y por ello son los más conocedores? Por supuesto que no todos heredan las buenas cualidades que hicieron triunfadores a sus padres. Y algunos terminan fracasando o vendiendo lo que heredaron. Pero esa es una ley inexorable del sistema de libre mercado y libre empresa: Quienes no sirven para administrar, terminan arruinados; y si no venden lo que les queda, se lo quitan. Y desde el momento en que otro adquiere la propiedad, casi nunca será para desmejorarla, sino para engrandecerla. Aunque hoy podría caer en manos de corruptos camuflados, generalmente de izquierda, que compran propiedades con dineros robados al pueblo, sobre todo en países petroleros.

Un país se hace grande con el trabajo creador y productivo, y esa es la misión del empresario. Así también la misión de un buen político es mantener las condiciones adecuadas para que todos trabajen con entusiasmo y generen riqueza y bienestar. Al ir en contra de quienes generan la riqueza, se va precisamente en contra de los más pobres o más necesitados, porque frenamos su capacidad de expansión, o de crear nuevas empresas con nuevas líneas de producción que se estén necesitando, generando más empleos, más comida, más bienes y más servicios.

Cuando se le quita capacidad al propietario, sea con más impuestos o en la forma que sea, no es a él a quien más perjudican, ya que como cualquier mortal, primero atenderá sus propias necesidades. El daño mayor se lo hacen a quienes necesitan de él, pues son las plusvalías o utilidades las que se destinan a mejorar, ampliar o a fundar nuevas empresas creadoras de más empleos, riqueza y bienestar, precisamente lo que hace el progreso del país. Cuando se perjudica a los productores o propietarios, a quien se le hace el mayor daño es al país y a todas las personas que necesitan del progreso. Lógicamente lo peor que puede hacer un gobierno es quitarles los recursos a quienes producen, para malgastarlos o hacerlos desaparecer.

Pero hay personas que prefieren ver a todos esclavizados y pasando hambre y necesidades (aunque los amos nunca las pasan), antes que ver a unos viviendo mejor que otros. Pero tengan la seguridad que el día en que los liberen, que el día que regrese la libertad, allí estarán las personas que volverán a destacar y a progresar, y que sin duda se diferenciarán de los demás. Y decimos el día que vuelva la libertad, porque obviamente tendrán que permitir a los partidarios de la libre empresa, de lo contrario no será ni habrá tal libertad.

LA PROPIEDAD PRIVADA

¿Es la propiedad privada un obstáculo para hacer al mundo más justo o más humano?

Hasta en un supuesto que piensen que el Estado deba disponer de todas las utilidades de las empresas, y llegar al extremo de aprobar una Ley para aumentar el impuesto sobre la renta a niveles tan altos que a los propietarios apenas les quede para comer, ya esta ley sería más que suficiente para que el Estado quede en posesión de todas las utilidades de las empresas, y sin embargo, los propietarios seguirían como tales, como dueños y administradores de sus propiedades. O supongamos que quieran aumentar los ingresos a empleados y trabajadores para que queden mejor repartidas las utilidades de las empresas. Perfectamente podrían aprobar otra ley que obligue a los propietarios de ciertas empresas, o de todas ellas, a repartir parte o todas las utilidades entre sus empleados y obreros, y tendríamos otra forma directa de distribución. Sin embargo los propietarios seguirían siendo los dueños de sus empresas, lo que significa que no hace falta que las empresas pasen al Estado para conseguir una mejor redistribución. Lo que deseamos es precisar que no es necesario expropiar, ni aún en el caso que deseen que los propietarios y los trabajadores ganen igual.

Pero estas medidas podrían ser muy perjudiciales. Pues lo más importante es saber quienes van a utilizar mejor estos recursos. Saber de que manera las utilidades que generan las empresas serán más provechosas al país, a los trabajadores, y a todos en general: si bajo la administración del Estado o del partido, o repartidas entre los trabajadores, o bajo la administración de sus fundadores o posteriores propietarios, sobre todo si se van a orientar en el incremento de la producción, como ampliar o construir nuevas fábricas, comercios, servicios o fincas agropecuarias. Ya sabemos las experiencias de los países que incursionaron en el totalitarismo de izquierda como para darnos cuenta que realmente las empresas en manos de un partido generalmente nada tienen que repartir. Y en el segundo de los ejemplos, o sea, suponiendo que las utilidades se repartan entre los trabajadores, lo más probable que ocurra es la paralización económica del país. Pues al repartir directamente las utilidades de las empresas entre los trabajadores, éstos tendrán más dinero para comprar, pero sobre los mismos bienes o productos que hay en el mercado, lo que provocará una escasez inmediata, y el mercado no responderá a la demanda porque sus propietarios no tendrán recursos para ello, lo que se traduciría en inflación, o en colas o filas y racionamientos, dependiendo de las medidas que tome el gobierno. Al final de cuentas, de nada serviría repartir las utilidades a los trabajadores, porque tendrán la misma cantidad de bienes para comprar.

Debemos recordar que son las utilidades o plusvalías las que se destinan, bien para ampliación, o para modernización, o para las nuevas empresas que necesita un país en crecimiento para aumentar la oferta de bienes o servicios, así como la oferta de trabajo para los nuevos demandantes, a menos que se haya paralizado también el incremento de la población. En cualquiera de los casos no sólo se frena el aumento de la producción y la oferta de trabajo, sino que también se paraliza la modernización o sustitución de equipos, así como la creación o puesta en práctica de las nuevas ideas que se le van ocurriendo al propietario y que no podrían llevarlas a término por no tener a la mano los recursos suficientes para su ejecución. Además, debemos tener en cuenta que al dejar al propietario sin una suficiente participación de las utilidades, éste perderá interés, le daría igual que la empresa gane más, o gane menos, pues las utilidades no serán para él, lo que traería como consecuencia la falta de estímulo y la improductividad, precisamente lo que ha sucedido con las empresas en manos del Estado o de un partido. Por ello, bien que sea el propietario u otra persona la que administre la empresa, en cualquiera de los casos, deben tener suficientes incentivos que se traduzcan en un mayor bienestar material, u otros tipos de privilegios que en definitiva los distinguirán de los demás y a la vez los colocará en desiguales condiciones económicas con respecto a los demás empleados y trabajadores. Porque si el destino de quien administra es seguir en igualdad de condiciones de los demás, obviamente, tampoco habrá interés de nadie en tomar estos puestos de tan alta responsabilidad. Hasta ahora la experiencia en todo el mundo ha demostrado que los recursos o dineros en poder del Estado o de un partido, como NO TIENEN DOLIENTES, se diluyen en el aparato burocrático. O sea, mucha gente que consume y poca la que produce, esto da por resultado el aumento de la demanda de bienes de consumo y el estancamiento de la producción, lo que nos lleva a la escasez y al encarecimiento en los países que incursionan en la estatización de empresas, y a la escasez y a los racionamientos en los países donde todo lo controla la izquierda.

En realidad el empresario produce para el bienestar de todos, y entre más eficiente y productiva se haga la empresa, más se benefician los demás al tener más que comprar y con precios más accesibles. Y entre más utilidades tenga la empresa, mayor capacidad de ampliación y producción tendrá, incluyendo el abrir nuevas sucursales, lo que se traduce en más oferta de trabajo, mejores sueldos para los empleados y trabajadores, y pagos más sustanciosos al impuesto sobre la renta para el mantenimiento de la seguridad social y de las obras públicas necesarias. Ya el hecho de crecer la empresa, significa que lo que produce o comercia se está vendiendo, que hace falta y que muchos se benefician de ella. Y todo esto ocurre sin el intervencionismo del Estado. Si lo analizamos como lo que realmente es, el hombre de empresa es sencillamente un administrador de unos bienes que en la práctica no son suyos, ya que, como todo mortal, muere, y todo lo que ha fundado y desarrollado queda allí produciendo y beneficiando a todos.

No seamos tan egoístas para ver con malos ojos a los propietarios cuando disfrutan de lo que hicieron y que antes no existía, pues no solamente están recibiendo su correspondiente y merecido premio a su ardua labor, sino que a la vez están distribuyendo parte de la riqueza que ellos mismos crearon a todos los que están dedicados a las diferentes actividades de las cuales en un momento dado ellos disfrutan. También es bueno recordar, que luego que las cosas están hechas, es muy fácil acostumbrarnos a ellas y verlas y usarlas como algo de lo más normal. Y a veces ni llegamos a pensar que las tenemos y disfrutamos, gracias a aquellos que con mucha constancia y tenacidad se propusieron llevarlas a cabo. Algunas veces hasta desconocemos el mérito a sus creadores, y creemos que sin éstos todo habría sido igual: que esas empresas o esos inventos de igual manera habrían existido, o que podrían seguir pujantes con simples administradores. Pero ni siquiera eso es así. Son muchas las empresas que posteriormente a su venta o a la muerte de su propietario, desmejoran o desaparecen. La presencia o supervisión de sus creadores o herederos puede ser muy importante, pues además de ser los más conocedores, gozan del respeto de sus empleados y trabajadores, conscientes de que tienen trabajo y de que la empresa existe gracias a ellos, a su constancia y a sus ideas. Ellos siempre serán los más interesados en mejorarla. Recordemos el sabio refrán: El ojo del amo engorda al caballo.

LA IZQUIERDA: ¿EL PUEBLO AL PODER?

¡Como manipulan a la gente! ¿El pueblo al poder?

En primer lugar, en un régimen de izquierda, la clase marginada o mejor dicho, el pueblo, no decide sobre la clase PRIVILEGIADA. Los marginados no tienen poder alguno sobre los que monopolizan el poder, a quienes no pueden cambiar, ni castigar. En cambio, los PRIVILEGIADOS, LOS ÚNICOS DUEÑOS o PROPIETARIOS, sí deciden el destino de los de abajo, sí deciden el futuro de los sometidos: lo que pueden leer, lo que pueden escribir, lo que van a aprender, lo que van a escuchar. Las películas y la televisión que pueden ver. Como y donde van a vivir. Que van a comer. Incluso hasta quienes van a vivir y quienes van a morir. Realmente, es la peor esclavitud. Olvídese amigo lector, de que en este sistema usted le pueda decir a su jefe o patrón hasta de lo que se va a morir, a menos que quiera conformarse con un trabajo PEOR que el anterior. ¡Que distinto de los sistemas de libre empresa, donde si al trabajador no le gusta el trabajo, o el sueldo, o el trato que le den, bien puede reclamar porque tiene infinidad de propietarios a donde ir o a quienes acudir! Y también puede llegar a ser patrón o propietario. En cambio en un sistema de izquierda, en el de los poquitos y exclusivos PROPIETARIOS, los obreros seguirán siendo obreros, los empleados seguirán siendo empleados, y los privilegiados DUEÑOS DEL CAPITAL seguirán siendo los ÚNICOS DUEÑOS o PROPIETARIOS, sin importar que sean pésimos administradores, pues naturalmente ellos mismos no se van a cambiar. Y como siempre ha ocurrido, se perpetuarán en el poder.

Una de las cosas buenas que atribuyen a estos regímenes totalitarios de izquierda, es que, supuestamente, a todos les enseñan a leer y escribir. Es posible que si. Porque cuando se es dueño de todo, hasta de la gente, hacen con ésta todo lo que deseen. Incluso hasta pueden obligar a unos a enseñar a otros. Pero eso si, todo de acuerdo a las instrucciones del amo. Con los mismos derechos que tienen los caballos y los bueyes cuando el amo les enseña a llevar bien el carro o el arado.

Otro logro que atribuyen a estos regímenes de izquierda, es que supuestamente les atienden gratuitamente en la salud. También a los antiguos esclavos les daban la comida y se les atendía gratuitamente en la salud. Así como el amo vacuna a sus animales y les da asistencia veterinaria de acuerdo a sus posibilidades para que le sigan rindiendo beneficios. Pero al igual que a nuestros animales domésticos, las personas sometidas en estos regímenes deben acostumbrarse a lo que les den, y a lo que sus amos les permitan. No pueden escoger al médico que les guste, y deben conformarse con la atención que les den. Además, sólo pueden leer, ver, escuchar o aprender lo autorizado por el régimen; o expresar lo que les permitan, y obligatoriamente deben cumplir con los horarios y el trabajo que les den. Tampoco pueden decir públicamente sus opiniones a menos que sean a favor del régimen, ni criticar a sus amos, o al sistema sin el temor al castigo. Mucho menos protestar para que los dejen libres y dejen de ser esclavos. Porque obviamente, al volver la libertad, regresaría la libre expresión y publicación del pensamiento, el que a los amos no les gusta leer o escuchar, ni que lo lean o escuchen los demás. Y tendrán que escuchar a los partidarios de la libre iniciativa y de la libre empresa, y de los más elementales derechos: como el que tienen los más voluntariosos y capaces de ganar más y vivir mejor que los incapaces y los flojos, o como el que tiene toda persona de querer ser diferente a los demás, y a querer salir de la mediocridad. El derecho a establecer su propio negocio, que realmente le pertenezca, que nadie se lo pueda quitar. Que pueda decir a plena voz que es suyo. Y que pueda hacer con lo suyo lo que desee, mientras no perjudique a los demás. Que pueda ejercer el derecho que toda persona tiene a educar a sus hijos de acuerdo a su criterio, y no al de un partido político. O como el que toda persona tiene de creer en Dios, y en su religión, y a enseñársela a sus hijos. O como el que toda persona tiene de querer vivir como quiera, y en la ciudad o país que se le ocurra. Porque cuando el hombre se empeña en hacer algo y no tiene al amo que se le atraviese en su camino, de seguro lo consigue.

COPIEMOS SIEMPRE LO MEJOR

Si entendemos que un país progresa en la medida que sube el nivel de vida de todos sus habitantes, lo correcto entonces es copiar y tomar ejemplos de aquellos países que consiguieron al máximo esa prosperidad y bienestar.

¿Quiénes viven mejor, los obreros y empleados de los países actualmente desarrollados con sistema de libre empresa, o aquellos que viven en países con gobiernos totalitarios de izquierda? Entonces, ¿de cual sistema debemos copiar? ¿Qué es realmente lo que debe prevalecer: el sometimiento, la ineficiencia, la improductividad y el bajo nivel de vida de los obreros y empleados de los países totalitarios de izquierda, o la libertad, la eficiencia, productividad y el alto nivel de vida de los obreros y empleados que trabajan en las empresas privadas de los países libres desarrollados? ¿Cómo podrían progresar los países subdesarrollados copiando de quienes luego de muchas décadas de totalitarismo marxista (y no obstante la ayuda de los capitalistas) nunca salieron de la mediocridad y todavía hoy en gran medida viven a expensas de los países libres? Sobran los ejemplos. ¿Nos imaginamos las penalidades y la hambruna generalizada que estarían pasando los países con regímenes de izquierda si no fuera por aquellos con sistema de libre mercado y libre empresa, de los cuales obtienen ayuda: préstamos, bienes, comida, tecnología, e inversiones de todo tipo? Entonces, ¿por qué aún pensar en absurdos y fracasados sistemas de izquierda? ¿Por qué atacar la propiedad privada? Seamos inteligentes. Copiemos lo bueno, copiemos lo mejor.

Lamentablemente todavía hay personas influenciadas por viejas y fracasadas teorías totalitarias: Que si la lucha de clases, que si la igualdad en la pobreza, que si la explotación del hombre por un partido. Realmente, lo único que ha logrado y que aún hace la izquierda es incalculable daño a la humanidad, a la paz y al progreso en todo el mundo. Todos esos males que atribuían a los países con sistema de libre empresa, realmente sí existen, pero en las fracasadas dictaduras de izquierda (no obstante y contar con la ayuda de los países libres). Pues, por su misma forma de ser se convierten en la mayor desigualdad entre gobernantes y gobernados, en donde la riqueza se encuentra en menos manos, los monopolios más grandes y el pueblo más sometido y esclavizado.

Sin embargo, la izquierda en sus férreas dictaduras mantiene algunas disciplinas con buenos resultados, que muy bien podrían copiar los países libres. Por ejemplo: castigos severos para los corruptos y delincuentes, cero bochinches ni politiquería en universidades y liceos, admitir en las universidades públicas sólo a los más inteligentes, y estricto control de natalidad, también de fácil aplicación en los países libres. Pero resulta que estas disciplinas como son buenas, no las copiamos. Paradójicamente, los primeros que se oponen a copiar estas conductas para ponerlas en práctica en países con sistema de libre mercado y libre empresa son los izquierdistas. Siempre es así, en vez de copiar lo bueno, copian lo que no sirve. Ya podrán advertir que no son cuentos el afirmar con toda seriedad y responsabilidad, que la culpa de nuestros males en los países libres la tienen los izquierdistas. Sobre todo cuando tienen en su poder la mayoría de los medios de información y opinión. Indirectamente entorpecen el desarrollo, destruyen la moral y las buenas costumbres, provocan crisis económicas y hacen bajar la producción y la productividad. Esto es precisamente lo que hacen. En cambio los países que mantienen a raya a los izquierdistas y siguen firmes en su política económica de libre mercado y libre empresa, obtienen los mayores índices de productividad y bienestar. Seamos pues inteligentes. Podemos copiar de cualquier sistema. Pero copiemos lo que sirve. Copiemos lo bueno. Copiemos lo mejor.

NACE UNA EMPRESA: ¿QUIEN SE BENEFICIA?

Suponga que usted tiene un pequeño negocio de compra y venta de ropa en su propia la casa. Usted nunca ha sido patrón. Usted mismo se encarga de comprar al mayor y vender al detal. Como no tiene trabajadores, tampoco tiene preocupaciones de pago de salarios, ni de que lleguen tarde o falten al trabajo, o de que puedan robarle mercancía o el dinero de las ventas. Le gusta su trabajo, y abre y cierra el negocio a la hora que desea. Pero un día se presenta alguien necesitado pidiéndole trabajo, y hasta le ofrece trabajar por poco dinero. Usted lo piensa, ve la oportunidad de ayudarlo a él, y también de aprovechar su tiempo para cosas más importantes y su familia, por lo tanto lo contrata para ver como resulta.

Aquí vemos el comienzo de una relación laboral, un trabajo remunerado. Ahora bien ¿el hecho de acceder a emplear una persona querrá decir que lo va a explotar? ¿Quién le hace más falta a quién? ¿Acaso no podrían salir los dos beneficiados? Ahora supongamos que le va bien en su negocio y quiera ampliarlo: busca un sitio apropiado, le hace un préstamo al banco con garantía de su casa para surtirlo y emplea a más personas. Usted da inicio a una pequeña empresa en donde todos saldrán beneficiados: sus trabajadores con un empleo permanente, los clientes satisfechos de contar con un buen servicio y buenos precios, y usted con utilidades adicionales que, además de aumentarle el nivel de vida, podrían servirle, como a toda persona ambiciosa, para seguir ampliando su empresa, y quizás hasta llegarla a convertir en una gran cadena de tiendas por departamentos. Ahora bien. ¿Ha perjudicado usted a la sociedad? ¿Acaso no son los trabajadores los principales beneficiados? ¿No necesitaban ellos más de usted que usted de ellos? Usted con su idea está beneficiando a mucha gente: le da empleo a personas que no tenían trabajo, beneficia a la población dando un servicio esmerado y contribuye a que prosperen otras empresas con el poder de compra que ahora tienen sus trabajadores y con el de su propia empresa que debe proveerse de mercancía, equipos, repuestos y todo lo necesario para el servicio que presta. En conclusión, usted es un gran benefactor. Y hasta podría decirse que usted mismo se ha explotado, pues antes vivía más tranquilo atendiendo personalmente su negocio, hasta que se le metió en la cabeza esta idea para cargar sobre sus hombros con una gran responsabilidad: ser el único que se preocupa con los problemas y las deudas del negocio, muchas veces sin poder dormir, y hasta perdió su salud. En cambio, sus empleados cumplían con su horario de trabajo y se iban muy tranquilos y sin preocupaciones a su casa.

Es probable que al trabajador le haga más falta un patrón, que a éste el trabajador. Sin embargo, pocas veces escuchamos que el patrón esté beneficiando al trabajador, sino que es éste quien lo beneficia a él. Para quienes menosprecian al sistema de libre empresa con sus dañinas y tergiversadas críticas, todo depende de quien sea el patrón: Si es el Estado o el partido, entonces éste beneficia al trabajador, así lo tengan esclavizado. Pero si el patrón es un particular, entonces éste es el único beneficiado y al trabajador lo están explotando, así trabaje menos, gane más y esté contento con su trabajo.

¿DAR "TRABAJO" POR PROVEER TRABAJO?

Para un gobierno, dar "trabajo" es lo más fácil que hay, y más aún, si es dictatorial. Por ejemplo: a los desempleados bastaría con ponerlos a abrir y cerrar puertas y ya con esta actividad tendríamos trabajando a todo el mundo. Pagarles, también es muy fácil, solo se necesita de suficiente papel y una máquina para imprimir billetes y así tendríamos solucionado el problema del pago para todos.

Sin embargo, de nada serviría este tipo de "trabajo," ni el dinero que nos paguen si no logramos conseguir lo que deseamos o necesitamos comprar. Es necesario que los trabajos sean productivos y eficientes para que haya suficientes bienes y servicios, de modo que estén a la oferta en todo momento y puedan ser adquiridos cuando se requieran. Los trabajos deben ser productivos para que, lo que unos producen o ayudan a producir, lo puedan intercambiar con lo que producen los demás. Si los trabajos que da un gobierno no generan bienes de consumo, ni prestan un servicio necesario, sin lugar a dudas estará creando –posiblemente sin quererlo- parásitos al país, o mejor dicho serán simples consumidores.

Así pues, es fácil entender que lo importante no es que tengamos un "trabajo," que por supuesto cualquier gobierno lo podría ofrecer en cualquier momento, sino que lo importante es que el trabajo que se realice sea en alguna forma productivo, para que contribuya a mantener la oferta de bienes y servicios, llene las fallas existentes y pueda cubrir las necesidades de todos.

Al trabajar en algo productivo, no importa cual fuere nuestro patrón, lo hacemos para nosotros mismos, pues entre más produzcamos, más habrá para ofrecer, más tendremos que comprar, más competencia habrá y naturalmente existirán precios más bajos.

Pero tan importante como que el trabajo sea productivo, lo es también que sea eficiente. Por ejemplo: un poblado de 500 familias, donde sólo trabajen los jefes de cada una de ellas, pero lo hagan entusiasta y eficientemente, puede producir más bienes y servicios que otro con igual cantidad de familias donde trabajen dos miembros de cada una de ellas pero cuyo trabajo es desganado e ineficiente. Esto significa que el primer poblado puede vivir mejor, al intercambiar mayor producción o disfrutar de más bienes y servicios a pesar de que trabajan solamente la mitad de las personas que lo hacen en el segundo poblado. La eficiencia es tan importante, que si en el mundo trabajaran sólo 50% de las personas aptas para el trabajo, pero produjeran con la ayuda de equipos, robots y computadoras el 100 % o más de los alimentos, bienes y servicios que hagan falta, ¿para qué necesitaría trabajar el otro 50 %? Si algún día llegamos a esto, entonces muy bien podríamos imponer un impuesto del 50% a la producción y con ésta podríamos sostener perfectamente al otro 50% que no trabaja, lo que demuestra que no es indispensable que todos trabajen. O podríamos reducir la jornada de trabajo a la mitad para que los otros se turnen en el trabajo. O hasta podríamos implementar que todos dispongamos de vacaciones de seis meses. De manera que lo importante no es que todos trabajen, sino que se produzcan los suficientes bienes y servicios para cubrir las necesidades de todos.

Naturalmente, cuando no hay los suficientes bienes y servicios la preocupación de un gobierno o de la comunidad no debería ser la de dar "trabajo" a todo el mundo, sino la del abastecimiento total, y esto no se puede conseguir colocando o manteniendo a las personas en puestos improductivos, sino colocándolos en áreas que aumenten la producción.

Igualmente cuando un gobierno depredador le quita demasiado dinero a los ciudadanos con exagerados impuestos o por los servicios que presta, y lo hace para sostener una burocracia improductiva, o para robárselos y financiar proyectos políticos, está ACTUANDO COMPLETAMENTE AL REVES, pues deja a los ciudadanos con menos posibilidades para comprar, o de ahorrar, o para poder acometer sus proyectos o ideas, o para ampliar sus pequeñas, medianas o grandes empresas y aumentar la producción y cubrir las fallas existentes. En el caso de Venezuela, con una fabulosa renta petrolera, lo correcto es eliminar los impuestos, y paralelamente financiar a todos los que tengan buenos proyectos. Y en el caso de otros países, reducir los impuestos para que queden a disposición de los ciudadanos y demás entes productivos los recursos financieros que el Estado desperdicia, para facilitarles que puedan aumentar la producción. Y así las personas que se ven favorecidas con la rebaja o eliminación de los impuestos tendrán mayor poder para comprar, para ahorrar, o para acometer proyectos que los incorpore al proceso productivo. Simultáneamente y en la medida que se expanda el aparato productivo, éste irá absorbiendo la mano de obra disponible, entre otras, la que haya quedado cesante por la reducción de burocracia. Así convertimos en productores a quienes, sin quererlo, viven de la producción de los demás.

INAMOVILIDAD LABORAL

Otro de los mitos de la izquierda fue creer que podrían mantener una estabilidad laboral.

Hoy más que nunca se ha hecho vital para la supervivencia de los países que conformaban la antigua Unión Soviética la reestructuración de su economía. Entre otras, se hacen reformas para que todas las empresas estatales sean financieramente autosuficientes, hacerlas responsables de su propia salud fiscal y llevarlas a un sistema de contabilidad completa de costos y autofinanciación.

¿Qué significa todo esto? ¿Cómo podrían conseguir la salud de las empresas y responsabilizar a los administradores de cada una de ellas para que generen utilidades o beneficio económico y puedan autofinanciarse? ¿Cuánta libertad tendrán que dar a sus directores o gerentes para que puedan presionar o despedir a los empleados u obreros que no rindan en el trabajo? ¿Cuánta libertad tendrán que darles para ajustar salarios y el número conveniente de trabajadores? ¿Cuánta libertad tendrán que darles para ajustar los precios de los productos en el mercado? ¿Acaso no llegaron precisamente a la misma forma de conducirse las empresas privadas en los países libres? ¿Qué diferencia habría entonces entre unas y otras, sobre todo en lo que respecta a estabilidad laboral? Esto de por sí debería ser más que suficiente para convencer al más radical de los izquierdistas del fracaso del comunismo como sistema, y que la única diferencia entre la izquierda y la derecha sería, en que, con la primera, las empresas estarían dirigidas por burócratas y con la segunda, por sus propios fundadores creadores, o herederos, o posteriores compradores. ¿Y cual de las dos formas es la más justa? ¿Y cuál es la más eficiente?

Afortunadamente cada vez lo entienden más, en especial políticos y economistas, que cuando se perjudica a las empresas, sean grandes o pequeñas, bien sean privadas o del Estado, a quien se le hace el mayor daño es al país y a los propios trabajadores.

Sin embargo, todavía algunos piensan que la inamovilidad es beneficiosa para el sector laboral. Pero es todo lo contrario, pues al maniatar la dirección de las empresas, dañan el aparato productivo, se perjudica todo el país en general, y las peores consecuencias son para la clase trabajadora.

En los países con sistema de libre mercado, casi toda nueva empresa comienza pequeña, con uno o dos trabajadores, y poco a poco, unas más pronto que otras, a medida que prosperan, se van haciendo de más empleados y más trabajadores. Y muchas se convierten en gigantes capaces de dar trabajo a miles de personas, de dar servicio a millones y de producir miles de toneladas de alimentos o bienes de consumo. Eso indica que se han optimizado las relaciones sociales de producción; que entre más crezca y prospere una empresa mejor será para los trabajadores y para todo el país en general. Por el contrario, cuando una empresa se estanca, también se detiene el empleo y deja de progresar el país. Y si fracasa y cierra sus puertas, más se arruina y se atrasa el país, y todos en general nos perjudicamos, pues habrá menos trabajo y menos bienes disponibles en el mercado. Pero los que más sufren con la quiebra de una empresa son los propios trabajadores, al quedar sin el trabajo que les permite obtener los recursos para vivir.

No existe un patrono o empresa privada cuyo interés no sea el de prosperar. Y al progresar, aumenta el número de trabajadores. Por lo tanto lo normal en una empresa que progresa no es tener menos, sino tener más. Así pues, siempre termina aumentando la cantidad de trabajadores. Incluso cuando deciden sustituir mano de obra por maquinaria moderna, tampoco es para retroceder, sino para hacerla más eficiente, para mejorar los factores de producción, lo que las lleva a crecer, por lo que siempre terminan aumentando el número de empleados y trabajadores.

Por ello, sean del Estado o particulares y del tamaño que fueren, las empresas que se vean obligadas a reducir personal por alguna circunstancia, no solamente deben tener libertad para poder hacerlo, sino que están en la obligación de hacerlo. Y si un gobierno se los impide, el mal que les hace al no poder equilibrar sus gastos con los ingresos, causa un perjuicio mayor que podría ser la quiebra, para entonces tener que echar a la calle, no ya a unos pocos, sino a todos sus empleados y trabajadores.

Es bueno aclarar que la reducción de personal a que se ven obligadas las empresas privadas generalmente es motivada por el intervencionismo del Estado en la economía. Estas reducciones casi siempre son de carácter temporal, mientras se ajusta o normaliza la situación dañosa creada por el intervencionismo oficial. Pero siempre los más interesados en volver a salir adelante son sus propietarios. Pero si el Estado obstaculiza la administración de la empresa, decretando inamovilidad laboral, los daños pueden ser irreversibles.

Es indispensable que las empresas (grandes o pequeñas, bien del Estado o particulares) tengan plena libertad para despedir o enganchar en cualquier momento a los trabajadores que crean convenientes. LOS DESPIDOS INJUSTIFICADOS NO EXISTEN. Cuando un patrono decide despedir a alguien ES PORQUE EXISTE UNA BUENA RAZÓN. Por muy injusto que parezca el motivo nunca SERÁ PARA PERJUDICAR A LA EMPRESA SINO PARA BENEFICIARLA. Por ejemplo: que exista antipatía o rivalidad entre el administrador y un trabajador, ya es suficiente motivo para despedirlo, porque la incomodidad o malos ratos de quien dirige hacen que su trabajo sea incómodo y no del todo eficiente, por lo cual la empresa se perjudica, así como también, lógicamente, los trabajadores, el país, y todos en general.

Otro gran inconveniente de la inamovilidad laboral, sobre todo cuando es permanente, es la propensión de ciertos trabajadores a faltar, o a holgazanear, confiados en el amparo de la inamovilidad, lo que se traduce en ineficiencia, mayores costos de producción y productos de peor calidad, que a todos, incluyendo a los propios trabajadores, les costarán mucho más cuando se vean en la necesidad de adquirirlos. Por todo ello, los propios trabajadores deberían ser los más interesados en que su empresa prospere o se recupere, pues en la medida que ésta progresa, en esa misma medida ellos progresarán, la empresa estará en mejores condiciones para aumentar los salarios, y los trabajadores igualmente para exigir.

Sea cual fuere el motivo, no se puede sacrificar a todos los trabajadores de una empresa por defender la inamovilidad de uno o de unos pocos, y mucho menos si es circunstancial.

LA ESPECULACION

Esta es otra de las absurdas creencias por las cuales los izquierdistas creen que deben intervenir. Que excepto ellos, las demás personas son tontas o gafas y como si fueran niños de pecho las tienen que proteger y cuidar de los empresarios malvados y especuladores, ya que ellos son los "buenos de la película".

Pregunto a los izquierdistas: ¿quién puede especular con el precio de los productos en los Estados Unidos? ¿Y acaso esto sucede porque el gobierno no deja especular? Todo lo contrario. En los Estados Unidos nadie puede especular con el precio de los productos porque el gobierno NO se inmiscuye en estos asuntos.

En un mercado libre, el especulador se cae por su propio peso, porque todo el mundo es libre para "especular". Por ejemplo: si usted cree que especulan con el precio de la cebolla, que hacen el mejor negocio del mundo, entonces, ¿por qué no aprovecha usted de hacerse rico y se dedica a vender cebollas? ¡Ah! que no son los vendedores quienes especulan, sino los transportistas, pues entonces, ¿por qué no aprovecha usted de hacerse rico y se mete a transportista? ¡Ah! Que no son los transportistas, sino los sembradores, pues entonces, ¿por qué no aprovecha usted de hacerse rico y se dedica a sembrar cebollas? Y si no quiere hacer nada de esto, usted todavía es libre de comprar o no comprar la cebolla, pero por favor, no diga que están especulando. Y es lo que sucede realmente en un mercado libre, la gente se estimula a vender, a fabricar, a sembrar, o a importar algo, cuando ve que es buen negocio. Y esto es precisamente lo que impide la escasez, la falta de competencia, el acaparamiento y los altos precios.

Aunque pueda parecerle a algunas personas contradictorio, la única forma de especular con un producto es en un mercado intervenido. Porque LAS REGULACIONES TRAEN ESCASÉZ, y ésta es la causa principal de que SUBAN LOS PRECIOS y puedan especular con un producto.

Veamos los hechos. Si a los agricultores les regulan el precio de venta del tomate, y concluyen que deja de ser un buen negocio, lo más probable es que no lo siembren más, o lo hagan muy pocos. El resultado será una escasa cosecha de tomates. La oferta será pobre, menor que la demanda, y esto hará que muchos no puedan comprar tomates. Y quienes deseen comprarlos a como dé lugar, seguramente tendrán que repagarlos, -mercado negro- o sea, que el mismo consumidor se encargaría de ofrecer más y subirle el precio al producto. Es lo que sucede normalmente al escasear un producto, a menos que se adopte el modelo izquierdista de colas, filas y racionamientos. Sin embargo, de los altos precios del mercado negro el agricultor no se beneficia, no tendría incentivo y el problema de escasez y precios altos persistiría. En cambio, cuando los precios se mantienen libres y la escasez los hace subir, entonces los agricultores sí se benefician, se incentivan, siembran más, y de paso atraen a nuevos sembradores. Por resultado, tendríamos una gran cosecha que automáticamente hará bajar los precios, ya que no se puede especular con algo que hay en abundancia, y menos si el producto es perecedero y de costoso almacenamiento. Esto lo saben agricultores, comerciantes y criadores y se puede observar en cualquier momento. Igual sucede cuando un gobierno regula los precios de la producción industrial; la diferencia es que tarda más tiempo para presentarse la escasez. Pues, como ya están instaladas las costosas infraestructuras y maquinarias, tratarán mientras tanto de sacarle algún provecho. Pero nadie se entusiasmará a invertir en otras fábricas o industrias que no generen las suficientes y necesarias plusvalías para su mantenimiento, reemplazo de equipos y adecuadas utilidades. En cambio, al no existir regulaciones, podrían vender a precios más altos, lo que se convierte en un buen negocio, que atraerá a nuevos inversionistas que construirán nuevas industrias que tendrán que competir entre sí, lo que redundará en más calidad y precios más bajos.

Pero es bueno aclarar que siempre los más interesados en vender lo que producen o comercian son los propios fabricantes y comerciantes, y para ello es indispensable que los productos agraden al público y guste su precio. Por ello son los propios productores y comerciantes quienes deben ponerle precio a lo suyo sin interferencias de nadie.

Si en algo no se equivocaron Marx y Engels, fue al describir en forma por demás elocuente la capacidad creadora y productiva de las empresas privadas, y refiriéndose a su gran expansión observaban: "Los bajos precios de sus mercancías constituyen la artillería pesada que derrumba todas las murallas de China y hacen capitular a los bárbaros más fanáticamente hostiles a los extranjeros". Como ejemplo podemos mencionar el gran éxito y progreso de los japoneses y de otros países asiáticos donde los gobiernos nunca intervinieron a regular sus productos.

Marx y Engels, los mismos que vaticinaban la autodestrucción del capitalismo debido a la epidemia de la súper producción, se quedarían hoy boquiabiertos al ver padeciendo algunos países por escasez e inflación, porque sus gobernantes de izquierda creen en la especulación, regulan los precios y obstaculizan la producción.

Un mercado de precios libres siempre ha sido lo natural, y es inseparable de la libertad de empresa, de la libre iniciativa y del respeto a la propiedad privada. Las regulaciones a estas libertades nacen en los países que incursionaron en el totalitarismo de izquierda, y en otros con el mismo tipo de gobernantes. Las regulaciones producen escasez, y ésta conduce a los racionamientos, que son incompatibles con el mundo libre.

Toda industria o comercio necesita vender sus productos, y si no vende, o son pocas las ventas, fracasa. Es una ley económica que al subir los precios bajan las ventas, y ésta nunca ha sido ni será la forma de prosperar una empresa. Por ello, en un mercado natural, no intervenido, el interés del empresario es aumentar las ventas, NO subir los precios.

Recuerdo muy bien cuando no existían controles ni regulaciones de precios en Venezuela. No había especulación y los mercados estaban atestados de comida y bienes de todo tipo a bajo costo. Pero al llegar los izquierdistas al poder, comienzan los controles y las regulaciones, que trajeron como consecuencia que escasearan, desaparecieran o subieran de precio muchos productos. Luego de algunos años de controles, liberaron los precios, y para colmo, al mismo tiempo quitaron los subsidios a los productos que los tenían. Naturalmente que tenían que producirse bruscos aumentos. Esto lo aprovecharon los izquierdistas para culpar y hacer de la liberación de precios una medida impopular. Uno de sus argumentos en contra fue que no estaban dadas las condiciones para liberarlos por falta de competencia, cuando son precisamente los controles y las regulaciones quienes obstaculizan y acaban con la competencia.

Todos los países desarrollados del mundo pasaron por la etapa de la primera fábrica o industria de un producto, y ninguno de ellos tuvo necesidad de regular los precios porque no hubiera competencia. Porque ésta no aparece por arte de magia. La competencia se hace, y para ello es necesaria la liberación de precios.

Y es que son tantas las cosas que pueden incidir en los costos de un producto: eficiencia administrativa y laboral, localidad y situación, costo de la materia prima, del transporte, de distribución, seguros, viáticos, etc., que a los encargados de regular productos no les queda otra alternativa que ponerle un precio máximo de venta al público, dejando suficiente margen para aquellos que tengan costos más altos, o para los más ineficientes. Pero esto naturalmente lo aprovechan quienes muy bien podrían vender a menor precio por tener menores costos de producción. Entonces, quien sale perjudicado es el consumidor. Igual sucede a nivel de distribuidor o detallista por diferencias de ubicación, o los costos de transporte, alquileres, o locales y mobiliarios más lujosos. Al final de cuentas, por culpa de las regulaciones, quien paga las consecuencias es el consumidor.

Otro factor nocivo que incide sobre los precios regulados es la gran responsabilidad y sapiencia de quienes tienen la delicada y complicada tarea de fijar precios a la infinidad de modelos y calidades de un producto (los zapatos por ejemplo) ¿Cuántas equivocaciones podrían tener, o a cuántos arreglos podrían llegar con los fabricantes?

En un mercado libre, el público es el mejor Juez. Él decide si el producto vale la pena comprarlo, si desiste de él, o lo sustituye por otro producto. Y cuando no le gusta el precio, puede visitar otros negocios y comprar donde más le convenga. Y si la marca le sale de mala calidad, lo más seguro es que no la compre más. Esta es una de las razones por las cuales se debe combatir la falsificación de marcas, pues con éstas engañan al público y perjudican a los fabricantes. En cualquier caso, quien abuse del cliente, sea el comerciante o el fabricante, pagará las consecuencias, pues al consumidor difícilmente puedan seguirlo engañando, a menos que no existan otras alternativas por falta de competencia, cosa muy rara en un mercado libre de regulaciones.

Las regulaciones, más otras intervenciones del gobierno, son responsables de la quiebra o el estancamiento de muchas empresas, y de hacer perder la confianza y el entusiasmo a los propietarios, que se convierten: unos, en simple espectadores y otros, que se quejan o mendigan al gobierno precios más altos como la forma más sencilla y rápida para obtener rentabilidad, con la consiguiente pérdida de eficiencia y baja producción. Y lo más importante: la falta de estímulo a construir nuevas industrias o comercios, o ampliar las existentes para una mayor producción y competencia, y para impulsar el progreso y el desarrollo.

Sin lugar a dudas, las regulaciones conducen a la escasez, y ésta al encarecimiento. En cambio, cuando el gobierno no se inmiscuye, cada persona es dueña realmente de lo que hace, o lo que compra, vende, siembra, inventa, hereda, o le regalan, etc.. Mejor dicho, cuando las personas son libres de ponerle precio a lo suyo, entonces funciona en forma natural la oferta y la demanda, y producción y precios se equilibran por ley natural y universal.

En un mercado libre son los fabricantes o comerciantes quienes más se preocupan por ofrecer los mejores precios para hacerse de nuevos clientes o para conservarlos. Con esto de regular los precios de los productos, los gobiernos lo que hacen es idiotizar a la gente. Afortunadamente hay comerciantes, que aún en estas circunstancias, casi todos sus artículos los venden con precios por debajo de las regulaciones; por cierto, son los negocios que más venden y por tanto los más prósperos. Esto nos demuestra que las regulaciones sólo sirven para aumentarle los precios al consumidor.

¿Cree usted que al no existir regulaciones los comerciantes pueden fijar precios más altos para ganar más? Si alguien lo hace, lo más seguro es que al poco tiempo deba cerrar o vender el negocio, ya que es el propio comerciante o fabricante quien debe preocuparse por mantener un precio que guste al público, de lo contrario, fracasa, a menos que sean negocios muy lujosos y selectivos, sólo accesibles a personas con mucho poder adquisitivo, que prefieren pagar más a cambio de lujo, comodidad y servicio personalizado.

Son los gobiernos con su poder y sus preferencias quienes crean los monopolios y los acaparadores, ya que es por su intermedio que se consiguen las licencias de importación, los permisos para los negocios y hasta los dólares preferenciales. Igual sucede con la distribución de lo que producen las ineficientes empresas estatales.

Otro de los motivos por el cual las regulaciones hacen que todo nos cueste más caro, es porque son tantos los artículos que se producen y tantas las diferencias que existen en los costos de producción de una fábrica a otra, o de un comercio a otro, que es muy difícil definir los costos, por eso a los funcionarios no les queda otra alternativa que acomodar los precios de acuerdo a los costos y a las quejas de los más ineficientes, que quedan protegidos de la quiebra con los precios de venta al público

En cambio, en un mercado libre de regulaciones, cada quien se defiende como puede. Los ineficientes se ven obligados a competir con los más eficientes, tanto en precio como en calidad. O corrigen y se adaptan al mercado, o desaparecen. Esto se traduce en una mayor preocupación por parte de los productores para bajar sus costos, aumentar la calidad y mejorar los precios.

Realmente la única forma de que un negocio dure especulando y engañando a la gente es mientras esté protegido o monopolizado por el Estado.

Lamentablemente todavía hay quienes se empeñan en culpar a productores y a comerciantes. Y esto no es cierto. La única forma de especular por tiempo indefinido es mientras existan las regulaciones o imposiciones de precios por parte del gobierno, pues éstos le sirven de pretexto o de apoyo a los comerciantes inescrupulosos, y de engaño y confusión al consumidor. Igual son culpables de que algunas empresas tengan que cerrar, o dejar de producir algunas cosas, porque, bien por ignorancia o por causas electoreras o populistas, luego de aumentar los salarios o devaluar la moneda, no permiten los aumentos. Esto causa desabastecimiento, y éste, encarecimiento, creando un círculo vicioso que empeora a mediano plazo al paralizar las ampliaciones previstas y los proyectos de nuevas empresas que vendrían a producir, a competir, y a llenar una necesidad en el mercado. La libertad económica, al regirse por la oferta y la demanda, pone fin a todas estas irregularidades, pues todo el mundo es libre de ponerle precio a lo suyo, generando competencia, abundancia y precios bajos. A la vez se eliminan los fiscales de "protección al consumidor", los cuales se verán obligados a trabajar en algo productivo y a contribuir con el abastecimiento. Así mismo cesarán los constantes sobornos a comerciantes y fabricantes, lo que a su vez significaría menores costos de producción y precios más bajos al consumidor.

LOS AUMENTOS DE SALARIO POR DECRETO

Los izquierdistas piensan que en un sistema de libre empresa, son ellos quienes deben salvar a los empleados y trabajadores de los supuestos "patrones explotadores". Parecen ignorar que fue precisamente en los países con economía liberal, o sea, en aquellos donde nunca existieron los aumentos de salarios por decreto, donde los obreros y empleados alcanzaron y aún mantienen los más altos niveles de vida.

Así sean aumentos de salarios mínimos y se vean a simple vista como algo justo, los aumentos por decreto son perjudiciales, generalmente promulgados por malos políticos tratando de ganarse los votos de los asalariados. Y digo malos, porque aún sabiendo que son perjudiciales, engañan a muchos sin importarles que luego todos sufran sus negativas consecuencias.

Los aumentos de salarios por decreto son como un bumerán, que regresa, pero dejando a todos los empleados y trabajadores en peores condiciones de las que estaban antes de los aumentos. Muchos países pasaron por esto, y en todos, los trabajadores redujeron el poder de compra luego de los aumentos. Por eso es extraño que aún alguien insista en los aumentos por decreto, a menos que realmente desee el mal para los pobres, que en definitiva son los más perjudicados.

Porque, cuando un gobierno obliga a toda la economía de un país a aumentarles el sueldo a los trabajadores, se producen una serie de fenómenos negativos que van en perjuicio de todo el mundo y que a continuación trataremos de explicar: Pocas personas no estarán de acuerdo en que los empleados y trabajadores ganen más para comprar más. Pero los aumentos generales por decreto, al igual que los de salarios mínimos no benefician en nada a los trabajadores sino que los perjudica, y a todos en general, pues lo único que logran es ganar más para luego comprar menos que antes de los aumentos.

Y no se trata de que el problema sea especulativo como se le hace creer a gran parte de la población. Si ésta fuera la razón, los obreros y empleados en los países totalitarios en manos de la izquierda -que todavía los hay- vivirían como reyes, pues siendo el partido el dueño de los medios de producción, bien podría decretar los más altos aumentos de sueldo para todo el mundo, manteniendo los precios a los productos. Sin embargo no lo hacen, por la sencilla razón de que tendrían más dinero para comprar, pero sobre la misma cantidad de bienes y servicios. Lo único que lograrían sería aumentar las colas, las filas y los racionamientos, que no son más extremos gracias a la generosidad de los países capitalistas de los cuales obtienen comida, tecnología y financiamiento.

El problema consiste en que es muy fácil decretar y hacer cumplir el aumento de los salarios, pero imposible decretar y hacer cumplir el aumento de la producción. Esto significa que en realidad lo único que se logra con los aumentos por decreto es repartir más dinero sobre los mismos bienes. Si allí quedaran las cosas no sería tan grave el problema, pero suceden otra serie de fenómenos negativos que agudizan la situación. Primeramente, las personas más necesitadas de cualquier país son los desempleados. Y los gobiernos están en el deber de incentivar el empleo productivo para que éstos se favorezcan, pero al decretar nuevos salarios mínimos, se logra todo lo contrario, o sea, que aumenta el número de desempleados. Y para colmo de males, a éstos les será mucho más difícil sobrevivir al dispararse los precios como consecuencia de los aumentos por decreto. Y no es que se perjudique a una minoría mientras los demás se beneficien; la cruel realidad es que a corto plazo todo el mundo habrá salido perjudicado.

Otro fenómeno que ocurre con los nuevos salarios mínimos es que los trabajadores que ganan igual o por encima de lo fijado en el decreto, observan como otras personas sin esfuerzo alguno pasan a ganar lo mismo que ellos, y también se dan cuenta, que si a ellos no les aumentan el salario, saldrán muy afectados al no poder adquirir, con el mismo dinero, lo que compraban antes de los aumentos. Esto obliga moralmente a los patronos a aumentarles el sueldo también a los demás para evitar este deterioro y a la vez mantener la diferencia de sueldo en aquellos que se lo merecieron. Lo que equivale a casi a un aumento general de sueldos y salarios, que es una de las principales causas de inflación, porque se incrementa el costo del factor trabajo producción. Sin embargo, habrá muchas empresas sobre todo las medianas y pequeñas, que no puedan aumentarle a todos, lo que será tremendamente negativo para los trabajadores y empleados que quedan con el mismo sueldo, y que tendrán que pagar todo más caro como consecuencia de los aumentos por decreto.

Por otro lado, en condiciones normales de libertad laboral, o sea, cuando no existen salarios mínimos, cualquier persona podría ser empleada a conveniencia entre las partes y de acuerdo a las posibilidades y necesidades de cada cual; con ello se logran dos cosas muy importantes: una es que se le da trabajo al que lo necesita, quien aún ganando menos que los demás, lo prefiere a no estar ganando nada; pero lo más positivo es que estos desempleados, que eran una carga para la sociedad, comienzan a producir, lo que conlleva a un aumento en la oferta de bienes y servicios.

Otro inconveniente que se presenta con los aumentos por decreto, es que una gran parte de pequeños negocios se ven en la necesidad de funcionar con la familia: esposa, hijos, etc., como una forma de no ser afectados por el incremento de los salarios mínimos y el consiguiente aumento de las prestaciones sociales, cuando las hay. Pero esta forma de operación es limitante, por lo que causa estancamiento o detrimento de la economía. Porque debemos tener presente que las hoy grandes empresas, fueron en un comienzo pequeñas; por lo tanto, si a éstas no se les permite crecer, automáticamente acabamos con las futuras grandes empresas.

Otro problema que ya todos conocen, es que muchas personas se ven en la necesidad de irse al trabajo informal, con la consecuente proliferación de buhoneros o vendedores ambulantes.

Además, cuando no existen salarios mínimos, cualquier persona podría ser empleada por otra, sin importar que tenga bajo rendimiento, o que no tenga experiencia en el trabajo; esto se compensa con el pago que acuerden patrón y trabajador, y en la medida que aumente su rendimiento o la experiencia en el trabajo, su sueldo se va equiparando con el de los demás. Esto a la vez es un estímulo para el trabajador, que tratará de rendir igual o más que los demás; tratará de hacer las cosas mejor para tratar de sobresalir, y que le mejoren el sueldo. En cambio, cuando obligan a pagar un sueldo mínimo, a quienes no puedan rendir igual que los demás, no les darán trabajo, o los despedirán de inmediato, muchas veces sin darse cuenta de la causa de su despido. También por esta causa son marginadas las personas de edad y los jóvenes inexpertos.

¿Cuántas veces a usted le habrá sucedido, que viendo a alguien necesitado, ha deseado emplearlo en cualquier cosa y pagarle de acuerdo a sus disponibilidades, y sin embargo se abstuvo porque le obligan a pagar un sueldo mínimo con sus respectivas prestaciones sociales? ¿Cuántos negocios o empresas se truncan antes de nacer porque el futuro empresario no tiene lo suficiente para pagar un salario mínimo?

Otro aspecto negativo de los aumentos de salarios por decreto y de las prestaciones sociales obligatorias es que los trabajadores también se perjudican en cuanto a estabilidad en el trabajo, ya que, como una manera de esquivar las imposiciones del gobierno, los patronos tratan en lo posible de convertir los trabajos permanentes en ocasionales.

Otro inconveniente derivado de los aumentos por decreto es que disminuye la calidad de algunos productos, al no existir el estímulo suficiente en el trabajador a mejorar la calidad de su trabajo, o por lo menos a mantenerla, con fines de mejorar su sueldo, sencillamente porque es el Estado quien toma el papel principal de mejorar el salario a todos, así no estén haciendo las cosas como debieran. Los aumentos por decreto son igualmente perjudiciales porque desalientan a los inversionistas, tanto a los foráneos como a los nacionales. Esto ocurre porque aumentan los gastos burocráticos, que son improductivos, y porque desvía los fondos que pudieran emplearse en mejorar la salud, educación, seguridad, o en financiar el aparato productivo.

Por otro lado, en los países con economía de libre mercado y libre empresa, es una práctica común de cualquier empleador subir periódicamente los sueldos a empleados y trabajadores para incentivar, estimular, premiar y tratar de mejorar la productividad de la cual todos se benefician. Pero cuando el Estado se toma para sí esta práctica que no le corresponde, la tendencia de los empleadores es no aumentarles a los trabajadores para evitar doble aumento, o uno mayor si éste se hace sobre un porcentaje de lo que gane para el momento. También se perjudican los trabajadores en cuanto a estabilidad, pues algunos podrían ser despedidos apenas se anuncien posibles nuevos aumentos por decreto.

Por otro lado hay empresas que ya venden a precios altos. Si las obligan a aumentar salarios, más los incrementos de la materia prima y los servicios que vendrían luego de los aumentos, tendrían que vender a precios más inaccesibles al público, por lo que muchas tendrían que cerrar, con las consecuencias negativas ya conocidas por todos como son más trabajadores a la calle, más atraso y más pobreza. Otras buscarían la manera de operar con menos trabajadores para poder subsistir, lo que también sería muy negativo para todos, aunque no tanto como si las obligan a mantener el mismo número de trabajadores.

Los aumentos compulsivos de salarios, al aumentar los costos de producción, también pueden obstaculizar las exportaciones. Por ello, para evitar todos estos aspectos negativos es necesario que los empleadores tengan la seguridad de que no habrá más aumentos por decreto, y para ello es importante que las economías de libre mercado estén protegidas por Ley contra este intervencionismo. Ello a la vez evitaría los graves daños que se producen por la incertidumbre y temor que originan las primeras informaciones o especulaciones periodísticas sobre posibles nuevos aumentos.

Al quitar todas estas trabas, automáticamente reaparecerán los espontáneos aumentos de sueldo, que son normales en las auténticas economías de libre mercado, aún en condiciones deflacionarias.

Libertad laboral es otra diferencia entre los países que prosperan y los que retroceden o se estancan. Lo correcto, lo ideal, es que, tanto las empresas como los trabajadores tengan libertad para acordar las condiciones de trabajo sin interferencias de ningún tipo. Los aumentos deben hacerlos los patrones para que haya el estímulo a aumentar la producción y a mejorar la calidad, lo que a su vez permitirá competir en los mercados nacionales e internacionales.

Nada se hace con ganar más para comprar menos, sino que lo mejor es comprar más con lo que ganen actualmente. Pero esto se consigue dejando en paz a los que trabajan y producen, para que puedan prosperar y así conseguir cada quien en su ramo una buena eficiencia y productividad, única forma de abaratar los costos y poder ofertar a un menor precio.

Una cosa son los aumentos generales por decreto que empobrecen, y otra muy distinta los aumentos espontáneos a los cuales se hacen merecedores los empleados y trabajadores en una economía de libre mercado y que generalmente van acompañados de la prosperidad de la empresa.

Lo importante es que los gobiernos no violenten las libertades económicas y se dediquen sólo a lo que deben y para lo cual son elegidos, como es garantizar el orden, respeto y protección a todos los ciudadanos y a sus propiedades. Cuando esto existe, la prosperidad llega sola, como lo demostraron muchos países incluyendo a China. Cualquier país donde se respete la propiedad privada, y dejen que el mercado fije las pautas, progresa rápidamente.

Precisamente esto fue lo que ocurrió en Japón y en otros países asiáticos, y ocurre actualmente en China, quien cuenta con mano de obra económica, diligente y disciplinada, lo que hace que el trabajo se incentive al igual que las inversiones de capital. El progreso que genera puede llegar a emplear toda la mano de obra disponible hasta que se revierte la situación: Los trabajadores se tornan caros, escasos y más solicitados, les sobran ofertas y se colocan en posición de exigir. Pasan a mejores condiciones socioeconómicas. Ocurrió en todos los países que se desarrollaron con economía de libre mercado, y sigue sucediendo en los países políticamente estables, con mano de obra económica y diligente, donde permitan funcionar al libre mercado y no existan imposiciones para contratar o despedir trabajadores.

Pero cuando un gobierno interviene intentando mejorar las cosas, e impone aumentos de salarios por decreto, lo que hace es afectar el proceso productivo. Y los más afectados son los empleados y trabajadores que dependen de la prosperidad y el desarrollo de las empresas, sean estas grandes o pequeñas.

A fin de cuentas, los aumentos por decreto lo que hacen es repartir más dinero sobre los mismos, o incluso menos bienes de los que posteriormente habrían de no haberse decretado los aumentos. Este es el motivo principal de que pasados algunos meses el poder adquisitivo empeore para todo el mundo. Para colmo, se habrá perdido un tiempo valioso que redundará en más sufrimiento para los pobres y para los desempleados que en definitiva son los más perjudicados.

Otro motivo por los cuales se frena la producción es porque cada ente productivo -llámese negocio, industria o comercio-, está en diferentes condiciones respecto a los demás. Y es ilógico pensar que un gobierno pueda dilucidar todos y cada uno de estos aspectos para luego adecuar un decreto para cada uno. Para mencionar algunas inconveniencias, en muchos casos estarán obligando al productor a repartir el dinero destinado a la inversión, y en otros, el productor se ve obligado a despedir trabajadores para enfrentar los nuevos aumentos. Pero lo más perjudicial es el desánimo que cunde o disemina entre los productores e inversionistas, conscientes del mal que le hacen al país y a todos en general. Los aumentos de salarios por decreto perjudican, porque sea cual sea el tipo de política económica que se llegue a implementar, el primer ingrediente para producir es la mano de obra. Es lo único que está presente en todas las actividades productivas. Lógicamente, en una economía de mercado es lo primero que debe estar sometido a la oferta y la demanda. Al dejar libre la mano de obra, ésta adquiere su justo valor; las personas diligentes, voluntariosas, responsables o más capaces serán más solicitadas y mejor pagadas; en cambio los flojos y los irresponsables se verán obligados a cambiar si desean conservar el empleo o ser mejor pagados. De igual forma, las personas más capacitadas que se preocuparon o se preocupan por aprender, también serán más solicitadas y mejor pagadas. Sin duda, habrá mayor estímulo al trabajo y a realizar mejor las cosas.

¿PAGAR LO MENOS POSIBLE AL TRABAJADOR?

Los marxistas nos dicen que los capitalistas privados tratarán de pagar lo menos posible a los trabajadores para obtener mayor utilidad. Pero sucede todo lo contrario. Porque todo buen patrón sabe, que para que una empresa sea eficiente, el trabajador debe estar contento, debe estar a gusto, entusiasmado, incentivado, agradecido, y bien pagado de acuerdo a las posibilidades del negocio. Los trabajadores descontentos son improductivos, no dan rendimiento, trabajan de mala gana y perjudican a la empresa. Por lo tanto, el interés del patrón inteligente será siempre incentivar al trabajador, tenerlo lo mejor posible, lo más entusiasta posible; de lo contrario, fracasa como patrón y como empresario. Tendrá que vender, o le quitarán lo que quede del negocio y vendrá otro que tendrá que hacerlo mejor o seguirá por el mismo camino. Pocos casos se habrán dado donde sólo prospere el patrón, donde los empleados y trabajadores no hayan mejorado su nivel de vida mientras trabajaban con él.

Por regla general, cuando la empresa es exitosa, sus empleados y trabajadores mejoran también. Cuando una empresa prospera, es bueno para sus propietarios, para sus empleados y trabajadores, para el país, y para los consumidores que también se benefician. Debemos tener presente que el patrón es un simple administrador de unos bienes que en la práctica son de todos, pues él muere y las empresas siguen allí, engrandeciendo al país y beneficiando a todos.

Lamentablemente en muchos países, el salario de los empleados y trabajadores no viene dado por la oferta y la demanda sino por las intervenciones del Estado que distorsionan y empobrecen.

Es cierto que hay patrones desconsiderados, que no tratan bien a los trabajadores, o quieran sacarle el máximo de esfuerzo. Aunque son muy raros porque obviamente casi todos fracasan. Pero, ¿acaso al pasar las empresas a manos de un partido, o de un grupito, se van a topar con un jefe mejor o un patrón menos tirano?, cuando generalmente los patrones más déspotas los tienen estos regímenes de izquierda, sea porque el partido les apoya, o porque no tienen competencia, o porque los trabajadores deben aguantar callados, pues es el mismo patrón por todos lados, que dicta las condiciones las cuales todos están en la obligación de acatar. Y ¡ay de aquel que se queje! En cambio en un sistema de libre mercado y libre empresa, estos abusos se corrigen solos, pues los trabajadores son libres para buscar un mejor patrón o un mejor trabajo, y no tienen que aguantar atropellos de nadie. Además, al crecer la economía, tiende a escasear la mano de obra, por lo que los trabajadores son más apreciados y mejor pagados, como es el caso de los países europeos y demás países desarrollados. Y si en algunos países libres desarrollados no escasean los trabajadores como en otros, es debido a la afluencia de mano de obra que viene de otros países buscando mejor vida, o de refugiados que huyen de regímenes tiranos, que llegan buscando libertad y trabajo a cualquier precio y compiten con los obreros y empleados ya instalados. Este es el caso de Estados Unidos y muchos países de Europa.

No conozco un solo caso de un mal patrón que decidiera bajar los sueldos a los trabajadores para obtener mayor utilidad. Y si alguien lo hiciere, probablemente quede sin trabajadores, a menos que el país pase por una crisis muy grande donde sea muy difícil conseguir otro trabajo. Aunque sí hay casos donde los trabajadores, en forma conjunta, toman la iniciativa de reducirse los sueldos para salvar a la empresa que pasa por dificultades, y beneficiarse ellos a la vez, pues prefieren ganar menos a quedarse sin trabajo.

EL DERECHO A GANAR MÁS

Conversemos de cómo los propietarios, sin hacerle mal a nadie, se ganan el derecho a ganar más con relación a los demás empleados y trabajadores.

Tomemos una empresa del Estado y comparémosla con otra similar en cuanto a capital y número de personas que en ella trabajan, pero que esté administrada por su propio dueño y creador. Supongamos que las dos producen muebles. ¿Cuántos juegos producen cada una? Nos podríamos quedar cortos con las cifras que coloquemos, ya que no es sorpresa para nadie que una empresa administrada por su propio dueño es más eficiente que otra administrada por el Estado, tanto por las ideas puestas en práctica a través de los años, como por las que se le van ocurriendo para lograr mayor producción. Y si este propietario tiene el mérito de producir 30 juegos de muebles más al mes con los mismos costos que su homóloga del Estado, ¿no podría tener derecho a tomar algunos de los 30 que ha producido demás, venderlos y usar el dinero para sus gastos particulares? Esto es sin perjudicar a nadie y beneficiando a más gente; vende los juegos y compra lo que desea, si es que los demás también producen mayor cantidad de bienes y servicios de los que produciría el Estado si éste lo administrara. Al producir todos eficientemente, todos se ganan el derecho a intercambiar algo de lo que producen en demasía para usarlo en su propio beneficio. Lo planteamos de esta forma para hacer más entendible nuestro razonamiento. Lo normal es que con una parte del dinero de lo que producen y venden en demasía, compren lo que desean.

¿Y cuánto más no producirían las empresas del Estado de haber funcionado privadamente todo el tiempo? Probablemente se habrían convertido en verdaderos gigantes, beneficiando a más gente y pagando mejor a los trabajadores, como sabemos sucede en las grandes empresas privadas.

EL LUJO

Muchos tienden a criticar a quienes compran carros lujosos, o residencias muy grandes, o cuadros y adornos muy valiosos. Pues bien, aún así, a nadie le hacen mal. Realmente lo que hacen es distribuir riqueza, pues al gastarlo en estas cosas benefician a muchos que también necesitan vivir y comer. Por ejemplo, si lo gastan en una casa, le dan empleo al carpintero, al electricista, al ingeniero, al arquitecto, al albañil, al plomero, al obrero y a la infinidad de personas que toman parte en la fabricación de todos los materiales que se usan para su construcción. Igualmente cuando compran un carro lujoso, le dan de comer a todos los que intervienen en su fabricación, y a todos los que directa o indirectamente aportaron materiales o piezas para su construcción. Y si compran una linda joya, un fino adorno o una buena pintura, también le darán de comer a todos aquellos artistas que de acuerdo a la calidad de su obra se verán económicamente retribuidos. ¿O acaso los artistas no tienen derecho también a vivir y a comer? Y si los particulares no pueden comprar las obras de arte, ¿quién entonces las compraría? ¿Acaso el Gobierno estaría en la obligación de comprar los cientos de millones de obras de arte que pueden producir pintores, escultores y artistas de la más diversa gama que existen en el mundo? ¿No gastarían más los gobiernos en mantener la burocracia que haría falta para catalogar las obras y decidir, hasta quizás de manera incorrecta e injusta, que cuadros vale la pena dejar, y cuales eliminar, y cuales serían merecedores de premios? Estos premios probablemente los recibirían los apadrinados por la gente de más influencia y poder. En cambio, en un libre mercado, todo adquiere su justo valor, pues todos son libres para apreciarlo, comprarlo o desecharlo, y para ofrecer lo que realmente les parezca justo.

De igual manera cuando criticamos a un millonario porque ha gastado una suma escandalosa en una fiesta, lo juzgamos mal. Cuando decimos que ha despilfarrado el dinero habiendo tantas personas necesitadas, se le está juzgando equivocadamente. ¿Acaso al hacer la fiesta no está distribuyendo el dinero y cumpliendo una labor social? ¿O acaso no tienen derecho a comer todas las personas que trabajan y aportan las cosas para que esa gran fiesta se dé? Desde el agricultor que siembra las flores, el transportista que las trae, los artistas que hacen los arreglos florales, los que alquilan la utilería, los cocineros que preparan la comida, los mesoneros, los obreros y empleados de las fabricas de licores, refrescos y hielo. Los del hotel que alquila el salón. Los fotógrafos, los adornistas o decoradores, los músicos, en fin. Todos tienen derecho a vivir y a comer. Y si quieren prohibir que estas grandes fiestas se den, le estarán impidiendo a millones de personas que ejerzan su profesión u oficio, obligándolas a vivir de otra manera. En realidad, quien hace la fiesta sencillamente lo que hace es distribuir dinero y darles trabajo a los demás. Lo importante es que existan los suficientes bienes de consumo para que todos los ciudadanos puedan adquirirlos en el momento que los necesiten. No hay pecado mientras no se desperdicie o se bote la comida. Realmente las personas que van a una fiesta lo que hacen es cambiar el sitio de comer. En vez de cenar en su casa, esta vez lo harán en el salón del hotel o del club. Y a nadie deben prohibirle que algunas veces coma fuera de su casa, así como tampoco que en ciertas ocasiones coma menos, o coma más, o deje de comer.

Todos tenemos el sagrado derecho a vivir de la manera que nos plazca mientras no les hagamos mal a los demás. Desde quienes se dedican a hacer artículos de lujo, como los artistas que hacen joyas en oro y piedras preciosas, o los que hacen adornos en cerámica o cristal, o quienes arriesgan su vida buscando tesoros perdidos en el fondo del mar. O los artistas capaces de hacer cuadros tan excepcionales que solo un gobierno o los más ricos podrían comprar. Pero, ni éstos en un país libre, pueden igualar el poder que tienen los altos funcionarios en un país totalitario de izquierda. Con la gran diferencia de que en un país libre todas las personas con facultades y voluntad suficiente pueden conseguir algo de poder por méritos propios, por medio de la superación personal, la creatividad y la constancia, y sin estar atenido a decisiones de burócratas. Mientras que en los países totalitarios, el poder se monopoliza y eterniza, y posiblemente en personas sin capacidad o sin méritos para ello.

LA MENTIRA NO CABE EN DEMOCRACIA

Democracia verdadera sería aquella en donde toda persona, sea de la tendencia política o económica que sea, pueda esbozar sus ideas públicamente buscando para ella su perfección. La mentira o el engaño no deben tener cabida en una verdadera democracia. Sólo podemos conseguir cambios buenos y honestos cuando todos los planteamientos que se hagan se basen en la verdad. Nunca podremos conseguir cambios realmente buenos para todos, basándonos en falsedades. Recordemos que la grandeza de la democracia radica en ser precisamente el único sistema en donde toda buena idea puede ser bien recibida, compartida y puesta en práctica. Que todo lo que haya dado buenos resultados en otros países lo podemos copiar en democracia. Pero necesariamente hay que andar con la verdad, pues cuando se nos ocultan las verdaderas intenciones, y votamos engañados, no lo hacemos para nosotros sino para quien nos engañó. Ya no es nuestra voluntad. Lamentablemente lo que hacemos es legitimar las malas intenciones de quien nos engañó. Las mentiras no deben tener cabida en democracia. Si se permiten públicamente e impunemente, es porque no estamos en una verdadera democracia. O cuando les impiden a las personas expresar libre y públicamente sus ideas y pensamientos, ¿O acaso podría haber democracia sin permitir actuar libremente a los partidarios de la propiedad privada y de la libre empresa? ¿Podría haber democracia si no pudiéramos disponer de nuestro tiempo y de nuestras ideas para inventar, crear y tener nuestra particular manera de vivir? ¿O si no permitieran exponer sus ideas a los partidarios de un nuevo sistema de gobierno? En efecto, cualquier idea o proyecto de sistema debe ser bienvenido, siempre y que sea realmente democrático. Siempre y que se ande todo el tiempo con la verdad. Cuando no obliguen directa o indirectamente a adoptarlo a los demás. Siempre y que respeten moral y físicamente a los demás. Siempre y que no sea un sistema delincuente, que no robe, ni asesine, ni oculte lo que hace. Porque toda persona tiene el derecho a saber la verdad de lo que se proponen hacer. ¿Cómo aceptar un sistema carente de moral y ética y que suele justificar los asesinatos y sufrimientos más crueles, sólo por creer que les ayuda a conseguir sus fines? ¿Cómo aceptar a quienes prefieren lo malo a lo bueno porque piensan que les conviene? ¿Cómo una democracia podría aceptar un sistema que emplea métodos deshonestos para confundir y persuadir a las personas? ¿Cómo admitir partidos que obliguen a los demás a adoptar algo que no desean, y que le quita al hombre derechos y libertades sin su consentimiento? ¿Podría ser bueno un proyecto político, que para ganar adeptos tenga que engañar a las personas? ¿Cómo una democracia va a permitir el funcionamiento de partidos políticos que no son demócratas, que vienen precisamente a terminar con la democracia? ¿Para qué podría servir un sistema de gobierno que trata de imponerse atemorizando a las personas, engañando, calumniando, robando a gran escala, secuestrando, tergiversando los hechos, manipulando las noticias y cometiendo los más viles asesinatos?

Pero lo más sorprendente es que los supuestos "demócratas" nada hacen para defender la democracia, ni aún dándose cuenta del mal que le hacen, si es que alguien puede considerar demócratas a quienes nada hacen para defenderla, o peor aún, que hasta se opongan a cualquier medida que se desee instaurar para protegerla.

La democracia es un sistema que sabemos tiene defectos, algo lógico pues no existe la perfección. Pero, ¿acaso la mayoría de esos problemas -y disculpen que insista en esto- no son causados precisamente por izquierdistas, cuando hacen lo imposible para dañar, desmoralizar y corromper al sistema de libre mercado y libre empresa en el cual se apoya la democracia? Si fuera malo este sistema, ¿por qué entonces todos quieren vivir en él? Y si es tan bueno un sistema que defienden como el cubano, ¿por qué nadie, ni ellos mismos, quieren irse a vivir a Cuba?

Todos conocemos la capacidad que tiene el sistema de libre empresa para progresar y hasta para recuperarse de los daños que le hacen. ¿Como sería entonces si contara con la ayuda de la izquierda, sabiendo lo que se benefician de ella, tanto de alimentos, bienes y servicios, como de su tecnología y de millonarios préstamos e inversiones creadoras de riqueza? ¿A quién podríamos acudir en busca de alimentos, o ayuda financiera o tecnológica si todos los países fueran de izquierda o llegaran muy pronto a serlo? Quiénes podrían ayudarnos cuando todos estemos pasando hambre y necesidades, como en efecto sucede en estos regímenes? ¿No sería más inteligente cuidar la Gallina de los Huevos de Oro en vez de quererla enfermar o matar? Lamentablemente, en algunos países, los altos funcionarios o empleados públicos, generalmente de izquierda, usurpan la autoridad e invierten el protagonismo. Y en vez de servir a la comunidad, es ésta quien queda sometida y aguantando todo tipo de abusos. Ya entonces no es democracia, sino una dictadura, o aún peor, cuando hacen elecciones para aparentar. Y si algunos medios de información y opinión tratan de persuadir a las personas para que vayan a votar aún sabiendo que el gobierno controla todos los poderes, pueden jurar que esos medios están a favor de esa dictadura, y que lo que desean es legitimar los resultados de esa votación.

En una sociedad libre y democrática, los empleados públicos incluyendo al Presidente, los nombra y les paga la comunidad, para que la sirva, ayude y proteja de todo lo indeseable, como son los inadaptados y delincuentes. Nunca ha sido ni será el objetivo de los empleados públicos, interferir u obstaculizar a quien se deben, les nombra, les paga y les mantiene en el cargo; mucho menos debe imponerles condiciones, o interferir en los convenios o en las libres relaciones comerciales entre sus miembros, a menos que sean los mismos ciudadanos quienes lo soliciten.

PLURALISMO

¿Deben ser pluralistas las democracias? ¿Es necesario el pluralismo para que puedan llamarse democracias? ¿Les es beneficioso? ¿Quiénes son realmente los que se benefician del pluralismo que hoy conocemos? Este es precisamente el gran problema que tienen algunas democracias y del cual se derivan otros más.

Entendemos por pluralismo político, el derecho que reconocen algunas democracias a que existan "todas" las corrientes políticas, incluyendo aquellas que no son demócratas, como el comunismo, el fascismo, o cualquiera otra sin importar que su forma de gobernar siempre haya sido en forma de dictadura. Pero, ¿en qué parte del mundo existe una democracia con este tipo de pluralismo? En el pluralismo que hoy conocemos, a partidos como el fascismo, no peores que el comunismo, no los permiten.

Realmente los únicos que se benefician de este pluralismo tan singular son los izquierdistas en sus diferentes matices. Pues donde la izquierda gobierna plenamente, no hay oportunidad para los partidarios de la democracia y de la libre empresa, para nada que la promueva, ni en prensa, ni en radio, ni en televisión; ni permiten la venta de libros o revistas, ni mucho menos su publicación. Ni siquiera permiten que se les critique. Mientras tanto, los supuestos "demócratas" se hacen de la vista gorda.

El pluralismo que hoy conocemos es la propia *"ley del embudo"*. O sea, lo que sirve para aplicárselo a los contrarios, a los ingenuos, a los tontos, o sea, vale para ti, no vale para mí. Que tú me dejas entrar en tu casa y debes atenderme de lo mejor, pero eso si, en mi casa la cosa es distinta, ni te dejo entrar, ni te atiendo, ni tienes derecho alguno. El pluralismo es un invento para los países que practican la democracia tonta, la ingenua, la que se sacrifica a si misma y deja que la sacrifiquen, la que ayuda a los que no son demócratas, es la propia ley del embudo: Lo ancho para ti y lo angosto para mí. Pluralismo sólo para países libres y democráticos, donde la mayor parte de los medios de producción y de servicio están en manos privadas. Pero todos bien sabemos que al terminar con la libre empresa y la propiedad privada también se acaba la democracia y el pluralismo. ¿Cómo entender que una democracia permita actuar libremente a quienes vienen precisamente a acabar con ella? ¿Acaso existe en alguna parte un comunismo democrático? Y si nunca hemos visto un comunismo o un fascismo democrático, si sabemos que no son demócratas, ¿por qué entonces algunas democracias permiten a los comunistas participar y competir? ¿Cómo pueden permitir partidos que sólo saben mandar por la fuerza y la opresión?

Recordemos que democracia es una cosa y dictadura es todo lo contrario. Es como el orden y el desorden, no se puede ser ambas cosas a la vez. Si te gusta el orden y metes desordenados en tu casa, nunca la tendrás en orden.

Si nos gusta la libertad, si nos gusta la democracia, ¿cómo vamos a permitir a quienes vienen precisamente a terminar con esa libertad y con esa democracia? ¿No sería más inteligente exigir primero a esos partidos que demuestren ser capaces de convertir sus dictaduras en democracias y permitan a los partidarios de la propiedad privada y de la libre empresa?

Pluralismo es la forma elegante que consiguieron los enemigos de la propiedad privada para que los dejaran actuar libremente. Pluralismo es tener el enemigo en las entrañas. Es tener al enemigo en tu propia casa, pervirtiendo a tus hijos. Es dejarlo entrar libremente con su adoctrinamiento en todas las ramas de la educación, cultura, religión, y en los sitios de más influencia y poder como son los medios de información y opinión.

Es como admitir en un campeonato de fútbol a un equipo, que sólo viene a obstruir, a lastimar, a sembrar discordia, y el día que gane un partido, se termina el campeonato, y acaban con los demás equipos.

Este es para mí el mayor defecto que tienen las democracias: permitir que sus enemigos las acaben. Y que su misma gente, los "demócratas", ha pesar de presenciar el daño que le hacen, no hagan absolutamente nada para defenderla. Si es que pueden llamarse demócratas a quienes nada hacen por la democracia, o peor aún, que hasta se opongan a cualquier medida que se desee instituir para defenderla. Pero hay gente tan gafa o tan tonta, que se deja manipular fácilmente por los medios de izquierda, y llegan al colmo hasta de hacer campaña para que acepten a los comunistas con el pretexto de que las democracias deben ser pluralistas. Si esto fuera cierto, ¿por qué entonces no aceptan a los fascistas? ¿O por qué no aceptan a los partidarios de regímenes como el de Francisco Franco que tantos adeptos tiene en España, y que no son tan déspotas como los regímenes comunistas?

Si en verdad valoráramos la democracia, ¿cómo vamos a permitir que otros vengan a liquidarla? ¿Pueden ser demócratas los que apoyan este pluralismo? ¿Acaso los regímenes de izquierda dan el mismo trato a los partidarios de la democracia y de la libre empresa? ¿Acaso permiten alguna mínima crítica en sus cerradas y represivas dictaduras? Es como que alguien tenga todo el derecho a ocupar tu casa, y tú ninguno a ocupar la de él. Pero nuestra imbecilidad va más allá; no sólo les dejamos entrar en nuestra casa, sino que dejamos que nos echen y se queden con ella. Si señor, les damos el derecho a echarnos de nuestra propia casa y a quedarse con ella. Y algunos medios informativos y de opinión llegan al colmo no solo de dejarlos entrar, sino de darles el mejor cuarto, la mejor cama y la mejor comida. Y a los realmente demócratas y partidarios de la libre empresa, si acaso les dan el cuarto del servicio o un pedacito de patio trasero. Así están las cosas. ¿Cómo es posible que en un país supuestamente libre y democrático, los medios de información y opinión den prioridad a los escritos de gente de izquierda, cuya finalidad es precisamente acabar con esa libertad y esa democracia?

Ojala pues se tome conciencia, sobre todo periodística, para eliminar este ''pluralismo'' o ley del embudo, que no es pluralista al permitir que lleguen al poder los que acaban con toda pluralidad y sometan a todas las personas a los dictámenes de un único partido.

En Venezuela, por ejemplo, en ningún momento ha habido pluralismo. Si lo hubiera, aceptarían a otros partidos igual no demócratas, como el Fascismo, o a los partidarios de dictaduras de derecha estilo Franco en España, o Pinochet en Chile, que dicho sea de paso, han dado más libertades y han sido más exitosas económicamente que las dictaduras marxistas. Sin embargo, puedo jurar, que al proponerlo, que sería lo más parecido a un verdadero pluralismo, los primeros que protestarían serían los izquierdistas, pues son los únicos que se benefician de este pluralismo tan singular. Es como un campeonato de fútbol donde los equipos pierden o ganan y sigue la competencia, pero el día que los comunistas ganen un partido se acaba el campeonato. Y es la realidad, luego que agarran el poder, o parte de él, tratan de apropiarse de los demás poderes, así sea engañando, robando, asesinando, y hasta simulando democracia. Es lo que ha pasado en Venezuela, que la izquierda tiene ahora todos los poderes. Es como si favorecieras a alguien dándole alojamiento en tu casa, y este alguien termina echándote a la calle y quedándose con tu casa.

Igual puede pasar en todos los países donde la izquierda aún no se ha apropiado de todos los poderes. Dios quiera que los auténticos demócratas no sean tan tontos para dejar entrar a conocidos delincuentes en sus casas para que les echen de ellas, o los pongan de sirvientes. Ojala que puedan evitar que les apliquen esta "ley del embudo".

Y es que realmente la izquierda nada hace por el bien de la democracia. Se aprovecha de ésta y de este singular pluralismo que le da todas las facilidades para destruirla, a sabiendas que también destruyen la libre empresa y hasta ese mismo pluralismo que defiende y que sólo permiten algunas democracias en países de libre empresa, ya que países como China o Cuba no lo permiten.

Este pluralismo es un infortunio para todos los que deseamos y queremos seguir viviendo en libertad, para todos los que sentimos y vemos la democracia como la mejor forma de gobierno, para todos los que distinguimos la abismal diferencia entre vivir en un país libre o en uno de esclavos y amos.

PERIODISMO EN DEMOCRACIA

El primer deber del periodista, así como el de los políticos, debería ser el bien de los ciudadanos. Ejercer bien el periodismo es y será siempre una sagrada misión, igual que la de un buen político. La misión de un buen periodista y de un buen político debería ser siempre la de preocuparse por el bien de todos, por el bien de la democracia y por la honestidad de todo el mundo. Y para ello debe ser imparcial. Su primera preocupación debería ser trabajar para llevar a los puestos públicos a personas honestas y capaces. Nunca porque sean de un partido político. Todas sus actuaciones deben ser orientadas a denunciar y a erradicar la maldad, la mentira, la hipocresía, la corrupción y el terrorismo. No es posible conseguir bien con el mal. No es posible enseñar honestidad siendo deshonesto. No es posible conseguir justicia siendo injusto. No podemos enseñar el bien con el mal. Se enseña con el ejemplo. La culebra se mata por la cabeza.

Pero no debemos confundir el mal que se hace intencionalmente, con el que pueda hacerse tratando de defenderse. Si dejas en libertad a un criminal pensando que le haces un bien, le causas un mal a todo el mundo. En cambio si lo encierras, le haces un bien a todo el mundo. Por eso la misión de un buen político o de un buen periodista es mantener encerrado al criminal.

Tanto el periodismo informativo como el de opinión sólo pueden ser buenos y sanos, siempre y cuando informen y opinen con la verdad por delante. Siempre con la mejor y más sana intención de aportar soluciones y ayudar a los demás. Porque de estas informaciones y opiniones depende en gran medida la actuación de los gobernantes, y de éstos el futuro del país y el de todos los ciudadanos. Por eso la gran responsabilidad de los medios de información y de los periodistas.

Todos sabemos que el periodismo en democracia tiene casi infinito poder. Tanto, que puede hacer renunciar al funcionario más importante y condenarlo también. Un buen ejemplo de ese poder es cuando hicieron renunciar al Presidente Nixon en Estados Unidos. Y estamos hablando del Presidente de la democracia con más poder en el mundo. Y si son capaces de hacer renunciar al hombre con más poder en el mundo democrático, ¿qué no podrían hacer para beneficio de todos los ciudadanos? ¿Cuánto no podrían hacer por el bienestar de todos, por su país y por la democracia? Esto lo sabe bien la gente que está en los medios de información, y que conocen este poder. Por ello, si queremos un mundo más justo y más humano, debe cambiar la actitud del periodista y del político. Lamentablemente, muchos, probablemente influenciados por la envenenada escritura de izquierda, usan este poder en detrimento de su país, del sistema y de la democracia.

No tenemos duda que la democracia es el mejor sistema de gobierno. Pero igual debemos tener presente que es el más difícil, complejo, y por ahora más vulnerable. Tanto que podemos afirmar, que nunca habrá un período de gobierno, por muy bueno que creamos sea, en el que todos estén de acuerdo con él, y por ende que no tenga oposición. Es el único que por su misma naturaleza está sometido constantemente, día tras día, mes tras mes, y año tras año, a las críticas y presiones de todos los sectores de la sociedad: políticos, económicos, ambientales, culturales, etc. Pero esa es la esencia misma del sistema democrático, pues son esas críticas y esas presiones, cuando se hacen de buena fe y deseos de aportar soluciones, las que hacen que el sistema en sí se perfeccione para tratar de llevar más y mejor bienestar al máximo de su población, en el mejor ambiente de libertad y respeto a las leyes. Pero cuando las críticas son hechas por personas que no aceptan la democracia y la libre empresa como la mejor forma de gobierno, -sólo en este sistema se ha dado la democracia- sin intenciones de corregir o de aportar soluciones, sino que, por el contrario se aprovechan de sus libertades, para criticar y exagerar sus defectos, entonces hacen mucho daño, hunden al sistema y ponen en peligro la estabilidad de la democracia. Por eso el papel tan importante que juegan los periodistas y columnistas en la vida democrática de un país, pues son ellos los encargados de recoger, interpretar y llevar a la luz pública los mensajes, hechos y sucesos del diario acontecer. Y aunque no dudamos de la calidad humana de muchos periodistas, que igual todos creemos tener, sí dudamos de la dañina y anticuada formación política que recibieron, dentro o fuera de la Universidad. Por eso vemos faltas muy graves en los medios informativos y de opinión, al omitir, ignorar, o bien relegar deliberadamente a un segundo plano lo que pudiera ser de mayor importancia y provecho al país y al sistema democrático, mientras que otras veces llevan a un primer plano lo negativo al interés nacional, al país, y a nuestro sistema de gobierno.

Afortunadamente aún hay periodistas buenos, constructivos, inteligentes y defensores de la democracia. Estos son indispensables para la buena marcha del sistema y sus instituciones y más en países como Venezuela, con muchos profesionales mal formados políticamente. Por eso, al mundo libre y democrático le hacen falta más y mejores periodistas, responsables y positivos. Porque aquellos que militan en corrientes políticas extremistas, que disfrutan en dañar la imagen de los gobiernos demócratas, y que critican sólo por hacer daño y oposición, no deben ni mucho menos llamarse periodistas, sino activistas de izquierda.

No se trata de callar las injusticias, los defectos del sistema, o los errores de los gobernantes. No señor, todo lo contrario. Es necesario que se conozcan y se denuncien, pues esto es lo grande de la democracia; pero eso sí, en forma constructiva, de buena fe, con ánimo de corregir, castigar, o premiar a quien lo merezca.

Las democracias necesitan de periodistas demócratas, que defiendan al sistema; necesita de periodistas constructivos, conscientes de que resguardando la democracia, se defienden ellos mismos. Que defiendan al UNICO SISTEMA QUE LES PERMITE QUE PUEDAN DESEMPEÑARSE COMO VERDADEROS PERIODISTAS, con PLENA LIBERTAD, con propia iniciativa, personalidad y creatividad. Que defiendan LA UNICA FORMA DE GOBIERNO DONDE REALMENTE VALE LA PENA SER PERIODISTA. Que defiendan al único sistema capaz de tolerar una verdadera libertad de prensa, y la opinión hasta de sus más acérrimos enemigos.

Llamo a la reflexión a todos aquellos con responsabilidades en los medios de información y opinión, medios que deberían ser pilares y baluartes de la democracia, porque políticamente es lo mejor que existe hasta ahora, y porque con todas sus imperfecciones, es el único sistema que permite que se conozcan o nos den a conocer nuestros problemas y los de los demás. Estamos todos en el deber, no sólo de defenderla, sino también de ayudar a corregirle sus defectos.

¿DERECHO CRIMINAL?

Toda creencia o doctrina, sea política o religiosa, tiene sus adeptos o partidarios. Y todos piensan que la suya es la mejor. Para los creyentes de Mahoma y el Corán, no hay nada como el Islamismo. Para un demócrata verdadero, la democracia es lo máximo en sistema de gobierno. Los nazis piensan que el mundo estaría mejor con el Nacionalsocialismo. Para un católico practicante, la Iglesia Católica es la verdadera religión. Para un fanático marxista, difícilmente le harán creer que hay algo mejor. Y así sucesivamente. Como dice el refranero popular: "Cada cabeza es un mundo" o "Cada loco con su tema". Pero el hecho de que alguien ame su religión o su creencia política, ¿puede acaso darle derecho a perjudicar en alguna forma a las personas que no compartan sus creencias? ¿Pueden éstas darle derecho a disponer de la vida, de la libertad, o del dinero de los demás para supuestamente facilitar, promover o financiar la doctrina en la cual cree? No está lejos la tragedia por la cual pasaron los judíos en la Segunda Guerra Mundial, víctimas del fanatismo político de los nazis, fieles creyentes en el Nacionalsocialismo. No obstante, todo el mundo tuvo conciencia de estos crímenes, y los responsables de este genocidio, además de ganarse el repudio universal, fueron buscados, perseguidos, arrestados y castigados con la pena de muerte o cadena perpetua. No hubo persona ni organismo en el mundo que pidiera clemencia para estos criminales. Mucho menos porque fueran hechos a nombre de un partido político en el que creían y profesaban como el mejor de la tierra.

Hoy, comenzando el siglo 21, nos dejan perplejos las incalculables maravillas tecnológicas y científicas. Sin embargo, en el aspecto social, político y moral, sin duda hemos retrocedido. Los crímenes que hoy vemos a nombre de credos religiosos o ideologías políticas son más abominables que los que perpetraron los nazis. Sobre todo cobardes, pues se cometen en sociedades democráticas libres, donde todos tienen y pueden ejercer el derecho a opinar y a difundir sus ideas de manera civilizada y pacífica.

Estos crímenes se ejecutan de la forma más vil, traicionera y repugnante que existe: Edificios repletos de gente inocente son dinamitados para sembrar el miedo y terror. Aviones llenos de pasajeros los hacen estallar en pleno vuelo. No importa la edad, sexo o raza, igual da que sean mujeres, ancianos o niños. Aldeas enteras son masacradas por guerrilleros fanáticos marxistas. Oleoductos son dinamitados sistemáticamente, causando gravísimos daños ecológicos irreversibles al ambiente y a las fuentes de agua potable. Asesinan policías, gente humilde del pueblo que trata de ganarse la vida en ese trabajo como en otro cualquiera. Y se financian con algo tan deplorable como el tráfico de drogas y el secuestro de personas, a las cuales asesinan cuando no cumplen sus exigencias. Sinceramente, parece que hubiera caído una desgracia sobre la tierra. No es casualidad que el terrorismo y las guerrillas actúen solamente en países con sistema de libre mercado y libre empresa. El fanatismo marxista ha ocasionado más muertes que las dos últimas guerras mundiales. Sólo en Colombia pasan de ochenta mil muertos todos los años. Es increíble que todavía se cometan estos múltiples y cobardes asesinatos. Pero lo más alarmante es la indiferencia con que se toman las cosas. No hay preocupación de quienes dirigen los medios de información y opinión para que el mundo tome conciencia de la magnitud y gravedad del problema y de los crímenes que se cometen. Es preocupante la indiferencia o la poca relevancia que se le da al mal que se hace. Tal parece que los nazis pudieran hoy usar otra vez las cámaras de gas para seguir matando a quien ellos crean conveniente y pasar inadvertidos. Como si los periodistas o los medios no tuvieran la responsabilidad profesional y moral de denunciar estos crímenes y hacer que se castiguen con la severidad que merecen. Es alarmante la tolerancia y la indiferencia con que algunos gobiernos de izquierda y organismos internacionales enfrentan estos genocidios. Hay perplejidad, pues hasta protección le dan algunos gobiernos a estos criminales. Y también por cómo algunos medios de información y opinión justifican a estos monstruos responsables de estos crímenes, y hasta los llevan a la pantalla grande o a la chica como protagonistas.

¿Acaso el que yo crea en algo puede darme el derecho a asesinar a los demás? ¿Qué creyente en doctrina o religión no piensa que la suya es la verdadera? ¿Qué harían los marxistas al verse masacrados y a punto de acabarlos otros creyentes porque no gusten de ellos? ¿Los justificarían porque lo hacen a nombre de un sistema político? ¿Les perdonarían todos los crímenes cometidos porque fueron por una causa política? ¿O los elegirían candidatos a la presidencia de la república, o a senadores o diputados y los tratarían como héroes? El que asesina a sangre fría para supuestamente beneficiar sus creencias, merece castigos más severos que quien lo hace por otras circunstancias. Las ideas se propagan por medios pacíficos, y se combaten con otras ideas. Todas las religiones así como las filosofías políticas se propagaron por el mundo con la palabra oral o escrita.

Nadie posee derechos criminales, mucho menos algún país o mandatario, a tolerar o a tratar con consideración a quienes cometen los más viles asesinatos a nombre de una religión o creencia política. Recordamos a los violentos este pensamiento de Bolívar: LA VIOLENCIA ES EL ARMA DE LOS QUE NO TIENEN RAZÓN. La violencia solo puede justificarse en regímenes totalitarios, donde a la gente opositora no le permiten difundir o discutir sus ideas.

CAMBIAR LIBERTAD Y SUFICIENCIA POR SOMETIMIENTO E INEFICIENCIA

Uno de los fundadores del pragmatismo, el filósofo norteamericano William James, afirmaba: *La prueba de toda verdad reside, sencillamente, en su eficacia.*

En efecto, si todos en nuestro interior lo que deseamos es el bienestar de todo el mundo, nos es difícil comprender, que luego de conocer países de Europa con economías de libre mercado y libre empresa, u otros como Canadá, Nueva Zelanda, Japón o Estados Unidos, capaces de proporcionar comida, bienes y comodidades de todo tipo y en abundancia a todos los ciudadanos, y en completa libertad, existan personas que sigan empeñadas en dañar y acabar con este sistema para cambiarlo por otro que ha sido un completo fracaso en todos los aspectos.

Y es que si reflexionamos sobre el sistema de libre mercado y libre empresa, nunca hubo algo parecido que pudiera existir con un sistema de vida de tal grado de eficiencia y a la vez generador de bienestar, no obstante tener que aguantar las agresiones y los inconvenientes de todo tipo de quienes se empeñan en destruirlo. Sin embargo, es capaz de producir y distribuir riqueza, bienes y servicios en cantidades tan enormes, no sólo para abastecer a sus propios ciudadanos, sino también hasta sus enemigos, como son países con regímenes de izquierda a los cuales ayudan a solventar muchas necesidades, las cuales no son más extremas precisamente por la ayuda de esta sociedad libre y generosa, que lo único que recibe a cambio y en agradecimiento es un inmenso daño, incluso en sus entrañas. Sin ir muy lejos, Rusia y demás países del bloque de izquierda han recibido y quizás aún reciban de los Estados Unidos y demás países libres, miles de millones de dólares, además de ayuda tecnológica y mano de obra calificada. A esto se le suma la que reciben de organismos internacionales como la ONU, el Fondo Monetario Internacional y el Banco Mundial, que son financiados en su mayor parte también por países libres, y de los cuales Estados Unidos ha sido y es el principal proveedor de fondos. ¿Pueden imaginarse cuantos servicios, regalías, o infraestructuras para su propio disfrute, estarían recibiendo adicionalmente los norteamericanos, los europeos, y el resto de las democracias del mundo libre si toda esa riqueza producida por ellos y sustraída mediante impuestos, en vez de destinarla en ayudar a sus acérrimos enemigos, la destinaran al disfrute de sus propios ciudadanos? No podemos entender por qué los izquierdistas obran de manera tan ingrata, cómo pueden ser tan mal agradecidos, si incluso estos países en manos de la izquierda pudieran estar en similares o en mejores condiciones económicas que quienes les ayudan, de no ser precisamente por ese empecinamiento de querer imponer un régimen de esclavos a todo el mundo, no obstante y saber de su incapacidad y de su rotundo fracaso como sistema, a pesar de no permitir internamente ninguna oposición ni a nadie que les estorbe, y hasta con la ventaja de tener toda su gente adoctrinada y entrenada a conveniencia.

Parecieran no darse cuenta del daño que ellos mismos se hacen y sobre todo del que le hacen a los países libres y a toda la humanidad. Y siguen haciendo lo imposible y de mil maneras diferentes, para destruir a esta sociedad, cuyos males, la mayoría, son generados por la misma gente de izquierda. Por ello nos es muy difícil entender que deseen cambiar al único sistema que ha probado ser capaz de abastecernos a todos de bienes y servicios en cantidades más que suficientes y de óptima calidad, por otro sistema obsoleto y fracasado y que todo el mundo detesta por lo falso y por inhumano, además de despótico e ineficiente. ¿Será que por engañarse perennemente unos a otros, ignoran lo que sucede? ¿Será que realmente ignoran que la mayoría de los males que sufren hoy los países libres son generados por izquierdistas? ¿Será que los únicos que se dan cuenta son los que dan las órdenes? ¿Será posible no darse cuenta que quieren imponernos un sistema de condenados y con necesidades de todo tipo, que no son más extremas por la generosidad de los países libres y por los millones de dólares que le roban a los países subdesarrollados, sobre todo a los productores de petróleo? ¿Estarán realmente conscientes de lo que hacen? ¿Qué razones, que no sean ansias de dominio y poder, podrían tener para destruir a éste, sin duda, eficiente y libre sistema de gobierno?

Actualmente no existe un solo país con gobiernos totalitarios de izquierda que no se esté beneficiando de la ayuda directa o indirecta de los capitalistas. Se benefician de sus bienes y alimentos, de su tecnología, de millonarios préstamos y sobre

113

todo de gigantescas inversiones creadoras de riqueza. Entonces, si el fin es que todos los países pasen a manos de la izquierda, y lógicamente todos comiencen a pasar hambre y necesidades, ¿a quién entonces podríamos acudir? ¿Qué países podrían ayudar si todos necesitan ayuda? ¿No sería más inteligente cuidar la Gallina de los Huevos de Oro en vez de quererla enfermar o matar? Y si lograran desarmar y apropiarse del poder en los Estados Unidos y demás países del mundo libre ¿en manos de quien quedaríamos?

Lo paradójico es que los izquierdistas, en sus países nativos, festejan y conmemoran la independencia y se enorgullecen de sus libertadores. Resulta que quieren llevarnos con los ojos vendados a depender de potencias extrañas, con diferentes costumbres y hasta distinta manera de hablar. Que no dudaron en usar hasta los medios más inmorales y criminales para someter y mantener esclavizados, incluso, a sus propios paisanos. Y si sabemos el trato que les dieron, ¿qué podemos esperar los extranjeros? ¿Podríamos algún día recuperar nuevamente nuestra independencia y libertad? No dudo cuan difícil será la publicación y distribución de estas reflexiones. Pienso que con el control que ejercen sobre los medios de información y opinión, así como de las editoriales y distribuidoras de libros, no pasará de un puñado de izquierdistas a quienes les corresponderá la tarea de juzgarlo. ¿Y cómo reaccionarán los que realmente desean lo mejor para la humanidad? ¿Servirán de algo estas reflexiones? ¿Permitirán su publicación y distribución? O cederán al temor de sus superiores que SI saben adonde nos llevan. ¿Tendrán la suficiente valentía para voltear la tortilla y trabajar del lado de la democracia y de la libertad? ¿Sabrán las verdaderas causas por las cuales muchos países no salen de la miseria? ¿Por qué otros países si se desarrollaron en relativamente poco tiempo, a tal grado que no hay personas desamparadas, y precisamente con ese "neoliberalismo salvaje" que tratan de erradicar? No es que en las democracias, incluso más perfeccionadas, se acabarán por completo los crímenes, los robos o las protestas. Esto es algo que nunca se podrá evitar. Pero sin duda estarían reducidos a su mínima expresión, si no fuera por quienes se empeñan en dañarlas y erradicarlas. Lamentablemente, las democracias aún carecen de adecuadas autodefensas, como las tiene todo organismo viviente para defenderse de sus enemigos naturales, como las tiene nuestro propio cuerpo para defenderse de microbios o de virus.

OTRAS INTERROGANTES

¿Quienes son los de clase media o clase alta en un país libre, sino precisamente los pobres del ayer que hicieron grandes esfuerzos para superarse, y aún los hacen, pues es una labor que nunca termina? ¿Podría progresar un país en el que todos los ciudadanos deban conformarse con el empleo o el trabajo que les den? ¿Podríamos conformarnos todos a vivir perennemente con lo que nos pueda dar el Estado? ¿Valdría la pena vivir sin un propósito en la vida, sin metas que cumplir, porque todos debamos seguir los lineamientos que nos impongan los únicos amos o propietarios, poseedores de todos los privilegios, y cuyo único logro es la usurpación del poder? ¿Se imaginan viviendo todo el tiempo sometidos, sin poder llevar a cabo nuestros proyectos o ideas? ¿Por qué a los izquierdistas se les hace tan difícil reconocer el mérito a los pobres de ayer, a sus ideas, a su constancia, y al trabajo duro que tuvieron que realizar para llegar a ser lo que hoy son? ¿Cuál fue la causa del fracaso de los países que incursionaron en el marxismo totalitario si no fue, básicamente, por impedir la superación del proletariado? ¿Por qué estar en contra de la superación de los pobres? ¿Cuál es el sistema de gobierno que nos demuestra realmente ser capaz de crear riqueza, llevar bienestar y elevar el nivel de vida de los pueblos, y en relativamente poco tiempo?

¿Qué interés podríamos tener en progresar si a todos nos condenaran y obligaran para siempre a ser obreros o empleados de los únicos amos y propietarios? ¿Podría desarrollarse un país con un partido todo poderoso, como único dueño, patrón y empleador? ¿Existirían la infinidad de pequeñas, medianas y grandes empresas que hoy conforman los países desarrollados y subdesarrollados, de haber impedido que las personas, pobres en su mayoría, hicieran realidad sus sueños personales? ¿Quiénes son los propietarios de hoy sino precisamente los pobres del ayer que no querían seguir siendo empleados u obreros? ¿Podría un gobierno ofrecernos la infinidad y variedad de trabajos que nos ofrece el libre espíritu creador y emprendedor que todos llevamos dentro? ¿No sería mucho más difícil el progreso en todo el mundo, si a todos nos conformaran con un empleo o un trabajo? ¿Están realmente conscientes los izquierdistas de lo que significa crear riqueza y producir? ¿Hace falta acaso estudiar a los países desarrollados y sus destacados hombres de empresa, para saber que eran pobres y de lo duro que tuvieron que luchar?

Podemos afirmar, sin temor a equivocarnos, que en los dos últimos siglos, la rivalidad existente entre estos dos sistemas nos ha perjudicado grandemente a todos. El uno muy agresivo, utilizando todos los medios para imponerse a como de lugar, y el otro con muy pocos dolientes, queriendo sobrevivir.

Lamentablemente en nuestras universidades, a los estudiantes literalmente les hacen un lavado cerebral al inculcarle las supuestas "bondades" del marxismo y las "injusticias" del liberalismo y neoliberalismo. Profesiones como contabilidad, economía, derecho, sociología y periodismo son las más afectadas. Aquí nacen y comienzan a echar raíces todos nuestros males. Es el punto de entrada del virus que va infectando todo el cuerpo. Es un círculo vicioso. Ya infectados y confundidos, y creyendo saber el origen y la cura de nuestros males, se entregan a la política, bien como escritores, "analistas", animadores, periodistas o profesores, para seguir confundiendo a los demás. Y justificando todos los medios para conseguir los fines, permiten y hacen innumerables daños a nuestro libre sistema de gobierno, tratándolo de arrinconar. Hasta se engañan unos a otros, y ni cuenta se dan que los males que hoy padecemos son consecuencia directa o indirecta de sus acciones. Porque están donde más daño hacen, en la política, en los medios de información y opinión, en las Universidades, en la industria del cine y televisión, y hasta en las Iglesias.

¿A QUIÉN LE GUSTA VIVIR SOMETIDO?

¿Por qué quieren obligarnos a todos vivir en un sistema en el cual no queremos vivir?

Imaginémonos el mundo ya todo de izquierda y forzadamente dividido en dos clases muy diferentes: la clase de los que mandan, poseedora de todos los privilegios y a la cual sin duda todo el mundo querrá pertenecer. Y por otro lado, la clase de los sometidos, la que debe y tiene que obedecer, y a la que nadie querrá pertenecer, pero a la que desgraciadamente, no le quedará otra alternativa. Ahora mis amigos izquierdistas, imagínense que ustedes queden para siempre en esta clase.

¿Saben lo que significa condenarlos de por vida a ser obreros o empleados para los únicos amos o propietarios, y sin derecho a quejas de ningún tipo? ¿Saben realmente lo que significa vivir sin libertad? ¿Saben lo que significa el no poder hacer nada sin el consentimiento de nuestros amos? Cuando es precisamente la superación individual, la que nos lleva y hace posible en los países libres el progreso y el bienestar general.

Porque si el principal fundamento doctrinario de la izquierda es la supuesta distribución de la riqueza, resulta todo lo contrario, pues aunque digan o quieran hacerle creer a la gente que los bienes son del pueblo, lo que hacen realmente es concentrar toda la riqueza en manos de unos pocos. Los dirigentes se convierten en los únicos propietarios, a quienes el pueblo debe ciegamente obedecer, e incluso idolatrar. ¿Y acaso podría existir mayor concentración de riqueza y poder, o mayor desigualdad, o peor esclavitud? ¡Todo a nombre del pueblo! Mientras éste, realmente es un simple cero a la izquierda. Sometido, mudo, y marginado por completo de los medios de información y opinión. ¿Saben lo que significa el tener que obedecer perpetuamente?

¿Pero quién les da el derecho a esclavizarnos? ¿Por qué obligarnos a todos a vivir en un sistema que no queremos? ¿Por qué obligarnos a todos a vivir en un sistema de esclavos que niega a las personas su individualidad, libertad e independencia?

¿Cuál es el motivo de que países como Rusia, China o Cuba abran sus puertas a los empresarios de los países libres, si no es precisamente para conseguir la prosperidad que su sistema de esclavos no pudo conseguir? ¿Por qué, entonces, nos quieren someter? ¿Qué razones existen? ¿Y por qué nos vamos a dejar? ¿Saben lo que significa permanecer toda la vida atenidos a lo que nuestros amos quieran hacer con nosotros? ¿Acaso existiría el progreso actual en el mundo, si 150 años atrás se hubiera instalado globalmente un sistema como los actuales de izquierda que cortan la libertad y el espíritu emprendedor que todo individuo lleva dentro de sí?

Si el marxismo realmente sirviera, ¿por qué entonces debe esperar que el sistema que "no sirve" (el de libre mercado y libre empresa) les desarrolle los medios de producción y de servicio? Si el marxismo fuera tan siquiera un regular sistema de gobierno, ¿para qué necesitaría de apropiarse de lo que hacen los demás? ¿Por qué debe ser un sistema parásito? ¿Cómo pueden estar en contra de un sistema que ha probado ya en muchos países ser capaz de llevar el bienestar a todos, incluyendo a los propios izquierdistas que con su familia también lo viven y lo disfrutan, perdón, que quizás son quienes más lo viven y lo disfrutan? ¿Cómo pueden querer destruir un sistema capaz de progresar a pesar de los muchos daños intencionales que le hacen? ¿Cuánto podría durar un régimen de izquierda si permitiera dentro de sí, las embestidas, los daños y los saqueos que deben soportar los países con sistemas de libre empresa? ¿Cómo serían hoy los países con sistema de libre empresa si todas las personas que desde hace tiempo se afanan en hacerle daño, más bien ayudaran y trabajaran para perfeccionarle y corregirle sus defectos?

OTRO ENGAÑO MÁS

Todos nos dimos cuenta de su fracaso. Sus teorías estaban mal fundamentadas y erróneamente analizadas. Algunas desde un solo punto de vista. Ejemplos: la igualdad, la explotación del hombre por el hombre, la plusvalía, la estabilidad laboral, lo de "a cada quien según su necesidad", el considerar las creencias religiosas como "el opio del pueblo", etc. Pero sin duda, estas ideas revolucionarias cambiaron la historia por completo. Y a pesar de los cambios observados, mantienen al mundo todavía convulsionado. Y nada tiene de extraño que en un tiempo no muy lejano, aunque muchos no lo crean, lamentablemente el mundo podría estar todo en manos de la izquierda. Porque realmente estas ideas no han muerto. ¿Cómo podrían desaparecer mientras muchos sigan creyendo en ellas? Y no sólo creen en ellas, sino que quieren imponerlas a juro a los demás.

Aunque los rusos y los chinos no lo admitan públicamente, a las claras se ve que lo que hicieron fue una pausa. Las circunstancias los obligaban a cambiar. El atraso tecnológico y científico en todas las áreas era evidente, desde la agricultura hasta en las armas. Y ello les hacía depender más de Occidente. Necesitaban equipararse. Necesitaban alcanzar esa tecnología, y ellos por su cuenta jamás lo conseguirían. Y la forma más fácil de lograrlo era hacerles creer a los ingenuos demócratas que tiraban la toalla, darles a entender que abandonaban el marxismo, el estatismo, el totalitarismo, y se convertían en demócratas y partidarios de la libre empresa. Tenían que cambiar de estrategia. La tecnología y el progreso del mundo occidental los arropaba. No les quedaba otra alternativa. O corrían o se encaramaban. Necesitaban de la ayuda financiera y tecnológica de Occidente para salir del atraso en que se encontraban. La estrategia: hacerle creer al mundo occidental que se convertirían en capitalistas. Y a muchos engañaron. Y siguieron con los mismos procedimientos maquiavélicos. Las estatuas de sus "héroes" no las destruyeron, sino las guardaron. La mayoría de sus empresas no las privatizaban. Los nuevos capitalistas serían los mismos administradores de sus empresas, que si estaban en esos puestos, era porque naturalmente eran buenos comunistas. Pero el capitalismo sería más que todo lo que hicieran los inversionistas de Occidente. Trabajarían en lo posible con el dinero que Occidente les mandara. Y tratarían de que fueran las propias democracias desarrolladas de Occidente quienes hicieran el trabajo, y hasta les proveyeran de la mano de obra calificada. Todo por supuesto a expensas del bolsillo de los contribuyentes de Occidente. Y luego, cuando lo creyeran conveniente, excusas sobrarían para volver al régimen totalitario. Todo lo previeron. La corrupción sería el chivo expiatorio para todas las irregularidades que vieran los ingenuos capitalistas. Gran parte de lo que invierten en Occidente en empresas estratégicas lo hacen supuestos corruptos, hasta con los mismos dineros que Occidente les presta. Pero las mayores inversiones las hacen con dineros provenientes de países petroleros en manos de la izquierda. Y siguen comprando en Occidente todo tipo de empresas dentro de sus planes estratégicos, y fundan muchas otras, sobre todo medios de información y opinión. Esto ya lo venían haciendo desde hace tiempo. También compran y crean nuevas empresas para hacer películas y reportajes de todo tipo para sus canales de televisión. Se aprovechan de la libertad de expresión, de la ingenuidad y la buena fe de la gente para posesionarse de muchos años de adelantos técnicos y trasmitirlos a los suyos. Y con las películas van dejando en el subconsciente de las personas, una siembra de corrupción oficial, malos modales, inmoralidad, irrespeto a los padres, a las autoridades, a los valores patrios y religiosos, así como la duda, el miedo, y la falta de fe y confianza en la sociedad, en las autoridades y en el sistema de libre empresa. El objetivo es confundir, desmoralizar y corromper, hacer creer que todo está podrido, que el sistema no sirve, que los únicos buenos son los que ven esas películas. También se infiltran como pastores en las diversas religiones cristianas. Y es probable que la mayoría de las personas no se den cuenta de la manipulación de que son objeto. Y son precisamente estas películas, reportajes y noticias los instrumentos con los cuales descomponen a toda la sociedad. Son los creadores de los males y desgracias que se viven. Y si las cosas siguen como van, permitiéndoles continuar corrompiendo y desmoralizando la sociedad, y deteriorando y destruyendo al sistema de libre empresa, muy pronto el poder mundial estará en sus manos.

Las democracias están llegando a un punto crítico. O toman medidas drásticas, o desaparecen. O se resignan a perder algunas libertades para conservar las otras, o las pierden todas. Si no lo hacen, desaparecen como sistema y todos seremos esclavizados. Como el "Caballo de Troya", ya están dentro del sistema, sobre todo en los medios de información y opinión. Con éstos manipulan e influyen para llevar su gente al Senado, a las gobernaciones, a la presidencia y a todos los cargos políticamente claves. Se infiltran hasta en las iglesias. Es un cáncer que crece, atrapa y agota día a día. El deterioro moral se hace cada día más evidente. Se está acabando el tiempo. Y es el despojo más grande que puedan hacerle a la humanidad. No tanto por la usurpación de derechos, logros y pertenencias, sino por hacer de las personas instrumentos o herramientas, y como tales usarán. Inicialmente a medias. Posteriormente por completo. El ser humano perderá su posesión más valiosa, la de poder hacer con su vida lo que le plazca. Por ejemplo: que pueda adorar a su Dios o practicar sus creencias. Que desee ser un ermitaño y no haya ley que se lo prohíba. Que llegue a inventar algo y sienta que es de él. Que no puedan obligarlo a cederlo, porque entonces no sería de él. Que pueda hacer con su vida lo que le plazca, mientras no haga daño a los demás. Eso es libertad, y vamos en camino de perderla por completo. Y el pretexto será el bien común. Por el bien común, nos harán el peor mal común; perderemos lo más valioso, la libertad. Y seremos esclavos. Y probablemente no tengamos conciencia de ello, pues nadie nos los hará ver. Todo se nos indicará y se nos inculcará. Seremos lo que los únicos pensantes autorizados por el sistema deseen que seamos. Ya no podremos actuar de acuerdo a nuestros pensamientos, instintos o ideas, sino que nos llevarán a pensar de la manera que ellos decidan. Seremos domesticados como el perro, el caballo o el camello. Y aunque los auténticos marxistas no creen en Dios, ni en religiones, posiblemente de todas harán una sola, la cual modificarán y acomodarán a su conveniencia. Lo bueno, bonito o valioso, no será lo que cada quien crea, sino lo que ellos crean y así se nos inculcará a todos los esclavos. Y ya está sucediendo. Si el pintor es de izquierda, pinte como pinte, es un gran pintor. Si el cantante es de izquierda, cante como cante, es un gran cantante. Si el escritor es de izquierda, escriba como escriba, mientras no esté en desacuerdo con los amos, es un gran escritor y se le publican y distribuyen los escritos, y se le otorgan premios. Si la película la hicieron para corromper y desmoralizar la sociedad y desprestigiar al sistema de libre empresa, es una "gran película" e igualmente se le otorgan grandes premios. Pero si el artista o escritor no comparte las ideas de izquierda, difícilmente lo tomarán en cuenta, sin importar que su obra o sus escritos sean buenos y ciertos. Sus libros posiblemente no se publicarán. Dependerá del tema, de la autoridad, de la inteligencia y la valentía de quien los lea. En el futuro régimen de izquierda ya globalizado, posiblemente las personas ni cuenta se den que son esclavos, porque lo serán de mente y cuerpo, el peor tipo de esclavitud. La palabra esclavo quedará exclusivamente referida a los tiempos en que los amos les vendían y castigaban con el látigo. Los únicos con derecho a "pensar" serán aquellos autorizados y sujetos a la aprobación del jefe supremo que será como un Dios. Todos le idolatrarán. Y él mismo les indicará como querrá que le llamen.

Realmente es desesperante ver, cómo un régimen de esta naturaleza se pueda imponer empleando para ello la calumnia, el engaño, el miedo, el terror, la maldad. Pero sobre todo lo más sorprendente es que muchos colaboren y lo apoyen. Algunos por temor, o porque no se sienten capaces de ganarse la vida por su cuenta, y prefieren que el partido les mantenga, y otros, porque no soportan ver a otras personas disfrutar con su familia los frutos de su trabajo, de lo que ellos mismos crearon o hicieron. Jamás se les ocurrió pensar que ese disfrute fue bien ganado, bien buscado, que es un premio a su esfuerzo. Que disfrutan de un bienestar que ellos mismos generaron. Pues no. Prefieren que todos pasen hambre y necesidades, que todos sufran, antes que ver a otras personas disfrutar de bienestar. Ignoran el esfuerzo que hicieron o aún hacen para vivir de mejor manera. Ven siempre clases. Ven que unos viven mejor que otros, y no lo soportan. No les interesa saber como hicieron esas personas para salir de abajo. No señor. Para ellos sólo debe haber dos clases: Los amos y los esclavos. ¿Y qué importa que los esclavos pasen necesidades, mientras los amos sean intocables?

Quizás jamás pensaron que muchos de los que hoy nada tienen son más felices que muchos de los que hoy tienen en abundancia. Y que son más felices precisamente porque nunca les preocupó, ni les importa el futuro. Porque lo mismo les da el orden que el desorden. Porque disfrutan esa manera de vivir.

Pero los fanáticos de izquierda hasta llegan a pensar, que si hay vagos, desorganizados, sucios y viciosos, es por culpa de los que viven mejor. Quizás ni puedan comprender que mucha gente pobre pueda ser más feliz que muchos poseedores de grandes o medianos capitales. Ni entiendan que muchas de estas personas puedan dormir mal o no duerman, pensando en cómo solucionar los problemas al otro día. El fanático de izquierda piensa que todas las personas, incluyendo las que nunca se preocuparon por mejorar, ni por dejar el vicio, ni por trabajar, deben compartir por igual los bienes de quienes se preocuparon, los crearon, e hicieron grandes esfuerzos para llegarlos a tener. Y como no están en sus pellejos, no saben sobre los muchos malos ratos que pasaron, ni lo que les costó llegar a donde están. No señor. El izquierdista mediocre piensa que la culpa de que el pobre sea pobre, o de que el vago sea vago, o de que el vicioso sea vicioso, la tienen aquellos que hoy viven en mejores condiciones económicas. Y desean igualarles a juros.

Sin embargo, hoy los demócratas pueden ser más optimistas, por la manera de pensar y actuar de los principales dirigentes de izquierda. Porque en este tipo de régimen de naturaleza impositiva, los cambios solo vienen desde arriba. Porque aunque pregonan que es el gobierno del pueblo o de los pobres, y éstos como esclavos tienen que creerlo, en realidad los pobres son un simple cero a la izquierda. Aunque es posible que con el tiempo den un poco más de libertad a los sometidos, y les puedan escuchar sus ideas tanto políticas como económicas, y hacer públicas aquellas que los amos crean conveniente, y que no afecten su liderazgo.

Lamentablemente hay países donde a los estudiantes, en vez de enseñarles las cosas buenas de este sistema natural donde nacieron y viven, que no es invento de humanos y al cual se le debe casi todo, les enseñan por el contrario sus "injusticias". Y como alternativas, las "bondades" de un sistema que, en todos los aspectos y en todos los países donde se ha puesto en práctica, ha probado ser un completo fracaso. Y hasta parece que no les enseñan la diferencia entre liberalismo y neoliberalismo.

Es lamentable que a los estudiantes aún les planteen estas teorías como alternativas, cuando ya deberían estar archivadas para la historia. Por eso hay gente que aún cree en ellas: gente confundida que confunde a otros y así sucesivamente, por lo que se convierte en un círculo vicioso. Y como los izquierdistas, en su afán de destruir el sistema, hacen sus "trabajos" sin delatarse, no se percatan de que los males que ven, son creados por otros de izquierda como ellos. Porque se instalan donde más daño hacen: en los medios de información, en las Universidades, en la industria del cine y hasta como ministros en las diferentes religiones.

LA TERCERA GUERRA MUNDIAL

Aunque muchos no lo crean, se libra en estos momentos. Pero lo más triste es que pocos se dan cuenta, porque no hay información de lo que ocurre. Y no hay información porque en ello consiste gran parte de la Tercera Guerra Mundial: el enemigo apoderándose de todos los medios de información y opinión. Y no es por la fuerza. Es de la manera más sencilla: los compran e instalan muchos nuevos.

Muy pocos estarán concientes que nuestros cerebros pueden ser manipulados y progresivamente guiados por factores externos y ajenos completamente a nuestra voluntad. La mayoría de las veces sin percatarnos de ello. Lamentablemente está sucediendo. Se manipula la información, se manipulan las encuestas y se manipula la opinión al seleccionar para las entrevistas sólo a sus "analistas", a los que comparten sus ideas políticas. Trasmiten casi exclusivamente la opinión de personas parcializadas con las ideas o lineamientos que desean transmitir, sean temas políticos, sociales, científicos o religiosos. Mientras que a quienes defienden el otro lado de la moneda, que puede llegar a ser el noventa y nueve por ciento de la gente, no los entrevistan. O quizás a uno que otro de vez en cuando, para que no sospechen de su parcialidad, pero solo difunden fragmentos para empatarlos con lo que ellos quieren que veamos o escuchemos. Y cuando entrevistan a una que otra personalidad relevante, procuran guiarlos por criterios no convincentes y limitarlos a responder solo aquellas preguntas por ellos seleccionadas, dejando a un lado las que pudieran ser contundentes opiniones, hechos o aseveraciones. Y cuando el programa es en vivo y el entrevistado toca el tema que les duele, lo interrumpen haciéndole otras preguntas para callarle y desviarle hacia los temas que les conviene, o a otros sin importancia. Tratemos pues en lo posible de no dejarnos manipular, de no dejarnos arrastrar por corrientes destructivas en los medios de información, con programas parcializados y especialmente preparados, donde se esconden verdades fundamentales, y nos muestran la historia y el panorama mundial o regional de otra manera, siempre de acuerdo a sus conveniencias políticas.

Están llegando incluso a tergiversar y a cambiar la historia y a falsear los acontecimientos, incluyendo La Biblia, anuarios y hasta las informaciones y definiciones contenidas en algunos diccionarios.

Se apoderan de la Internet y de todos los medios de información y opinión: de las editoriales, de las distribuidoras de libros y librerías, y abriendo otras nuevas para que sólo podamos leer, ver o escuchar lo que nos permitan. Toda información, opinión o noticia puede ser omitida, exagerada, escondida, manipulada o tergiversada, siempre de acuerdo a sus conveniencias. Tratemos pues en lo posible de no dejarnos manipular, de no contaminarnos; no creamos las cosas que dicen hasta no ver el otro lado de la moneda, si es que nos lo permiten. Pienso que debemos mantener y conservar nuestros viejos libros históricos y religiosos, que nos puedan servir de guía moral y espiritual como una Biblia antigua, porque a las nuevas les están cambiando los significados y los hechos. Esconden verdades, cambian los hechos en las nuevas ediciones de libros que trasmiten conceptos morales, religiosos e históricos. ¿Qué hacer? <u>Defendernos.</u> En los países donde aún se pueda, donde aún no hayan tomado todos los poderes. Toda empresa con suficiente poder económico (que aún no esté en manos de la izquierda) debe montar su canal de televisión, debe fundar un periódico. Pues hay que desenmascarar y denunciar lo que está sucediendo. Y no tengan temor a fracasar, pues el mal jamás podrá contra el bien. La verdad siempre triunfará sobre la mentira. La gente ya está harta de inmoralidad. Ya está harta de manipulación. De demonios vestidos de curas, que cometen todo tipo de aberraciones. De cadenas de radio y televisión que nos culpan de que haya pobres o haya terroristas. Pero sobre todo es nuestra obligación moral, comentar y difundir este grotesco crimen que le hacen a toda la humanidad, como es el monopolizar los más importantes medios de información y opinión, así como las principales editoriales, distribuidoras y ventas de libros, para que la gente sólo pueda ver, leer o escuchar lo que la izquierda desea. Pero además de manipular la información y las noticias y de tergiversar el pasado, el presente y el futuro, ya no publican los libros que defienden nuestro sistema de libre empresa, así como tampoco los que critican los horrores del comunismo. Instamos a cada quien a confirmar estos hechos por su cuenta observando y buscando estos libros en librerías.

LOS DAÑOS DE LA GUERRILLA

Todavía hoy, a más de 60 años, los medios de información nos lo recuerdan por su gran magnitud y holocausto: 60.000 muertos en Hiroshima y 40.000 en Nagasaki. Fue el saldo de las dos primeras y únicas bombas atómicas lanzadas sobre la humanidad. No obstante, estas muertes no fueron en vano, ya que provocaron la rendición de Japón para que terminara la Segunda Guerra Mundial, lo que indudablemente salvó de la muerte a millones de personas si la guerra hubiera continuado.

Sin embargo, desde hace años, presenciamos en Colombia una de las más indiferentes tragedias de este siglo: más de 200.000 familias enlutadas por muertes causadas por la guerrilla, sin contar los heridos, los desaparecidos y los inhumanos secuestros. Muchas más del doble de las muertes causadas en Hiroshima y Nagasaki. Y estas guerrillas van dejando a su paso, miseria, dolor y un país destrozado y desmoralizado, además de ríos y lagos contaminados por los oleoductos dinamitados. Y todo esto ocurre sin la mayor trascendencia. ¿Qué se hicieron los periodistas y los demócratas? ¿Dónde están para criticar y controlar esta plaga que se cierne sobre las democracias del continente? ¿Por qué no apoyan a los Estados Unidos, por lo visto los únicos que se preocupan? ¿Hasta cuándo siguen de brazos cruzados permitiendo el genocidio inútil perpetrado por las guerrillas marxistas en todo el mundo? ¿Será que por hacerse llamar ejércitos del pueblo, o partidos del pueblo, o tribunales del pueblo, y todo a nombre del pueblo, les da el derecho a asesinar, a someter, y a llevarnos a todos a la más moderna esclavitud? Pobres países donde llegaba esta liberación: Etiopía, Yemen del Sur, Angola, Camboya, Vietnam y Corea del Norte, Cuba. Hasta Polonia recientemente y demás países de Europa Oriental, que bien pudieran ser hoy potencias mundiales, sufren todavía de grandes necesidades, a pesar de la ayuda económica que reciben de Occidente.

Todos estos países, víctimas de las guerrillas marxistas, son pueblos pacíficos que odian y aborrecen el terrorismo y las guerrillas. Les quitan el derecho que tienen de hacer su propio camino, de acuerdo a sus costumbres y creencias. Les quitan el derecho al desarrollo y al progreso en un ambiente de libertad y democracia, y les condenan a vivir en un régimen incapaz de alimentarse a sí mismo y de dar un mínimo de libertades. Se nos quiere condenar a vivir en un régimen carcelario de plena obediencia y despotismo. No se puede culpar a los que enfrentan la guerrilla, porque no hay que olvidar que están a la defensiva. No es posible que un pueblo que ama su libertad, su independencia, su sistema de vida, su religión, sus propiedades, entregue su país y se entregue a la esclavitud sin protestar ni derramar una gota de sangre. Nadie debe quedarse de brazos cruzados contemplando como poco a poco los pueblos son sacrificados y esclavizados. Los daños son incalculables: asesinan, impiden el progreso, desmoralizan, esclavizan y comercian con la droga y la vida de las personas. Es toda una tragedia. Los izquierdistas siempre tienen a la mano argumentos para esclavizar a nuestros pueblos: si hay dictadura de derecha, es porque hay dictadura y hay que sacar al pueblo del yugo del tirano, y si hay democracia, es la democracia de los ricos y hay que sacar al pueblo de la explotación, y al final de cuentas, son ellos los que imponen la verdadera y eterna dictadura, la verdadera y eterna explotación.

Sin embargo, ante estas realidades vemos la indiferencia de los demócratas del mundo y de organismos internacionales, como OEA o la ONU. ¿Por qué entonces tanta hipocresía: días de fiesta, de júbilo, ofrendas y conmemoraciones a los Libertadores, si no son capaces de honrarlos defendiendo la independencia y la libertad? ¿Qué harían o dirían nuestros Libertadores si estuvieran hoy con nosotros? ¿No estaremos en poco tiempo ofrendando y poniendo coronas a Marx o a Lenin? ¿Habría igual indiferencia si estas guerrillas fueran de derecha?

EL DERECHO A DEFENDERSE

El instinto de conservación es innato en todos los animales. Y también lo es en los seres humanos. Todos tenemos el sagrado derecho a defendernos de la agresividad de los demás. Nadie puede ser culpable del daño ocasionado a otro cuando actúa en defensa propia. No se puede culpar o condenar a quienes en defensa propia se ven obligados a matar a quienes les agreden o atacan, y con mayor razón si es a sangre fría y sin justificación, como las atrocidades, crímenes y secuestros cometidos por guerrilleros y terroristas marxistas.

Es el caso de la sociedad colombiana, que mientras la guerrilla marxista secuestraba y asesinaba a diestra y siniestra a ciudadanos honrados, decentes, humildes u honorables, y cuyo único crimen quizás fue progresar y contribuir con la prosperidad de su país, mientras tanto el gobierno muy poco podía o quería hacer para reprimir y acabar a estos criminales. En parte quizás porque no podía responder con los mismos métodos con que actúan los guerrilleros, pues debían respetar las leyes y la Constitución. Por ello, la sociedad al verse desprotegida y desamparada por el gobierno, se vio obligada a actuar en defensa propia, y crear comandos pagados para combatir a la guerrilla, que dieron en llamar de auto defensa o paramilitares, y que al igual que los guerrilleros, actúan al margen de la ley, pero que, indudablemente nacen como consecuencia de la acción de la guerrilla.

Lo más injusto es que en democracia no hay motivos para iniciar movimientos guerrilleros, menos para secuestrar y asesinar, porque las democracias son pródigas en libertades y oportunidades para todos. Es en los países totalitarios donde podrían justificarse las guerrillas, porque allí las personas ni siquiera tienen el derecho a opinar, o a escribir, o a difundir sus ideas. Sin embargo, es común observar a los medios de información y opinión ser tolerantes o consecuentes con las guerrillas de izquierda, mientras condenan a las autodefensas que son para defenderse de ellas. Y llegan al colmo hasta de imputarle gran parte de los crímenes cometidos por las guerrillas marxistas. Tampoco son capaces de entrevistar a quienes comandan las autodefensas, ni darles oportunidades para que opinen, y de igual forma a tanta gente que está de acuerdo con defenderse en alguna forma de las guerrillas.

CREADORES DE POBREZA

Para saber si algo tiene efectos negativos o positivos, los científicos basan sus resultados en la ley de los promedios. Un diez por ciento de diferencia por debajo o por encima de lo normal ya es bastante significativo. Y si un diez por ciento ya es bastante, ¿qué podríamos decir de aquello cuyo efecto, en este caso dañino y empobrecedor, es del cien por ciento? Sin excepciones, todos los países con sistema de libre mercado y libre empresa adonde llegaron los izquierdistas a gobernar o a formar parte del gobierno, de alguna manera empobrecieron o se atrasaron, dependiendo del grado de intervención y radicalización. En cambio, todos los países con regímenes totalitarios de izquierda que se abren a los inversionistas privados, al libre mercado y a la libre empresa prosperan rápidamente.

En efecto ¿cuándo y dónde la izquierda fue capaz de crear riqueza y bienestar? ¿O cuándo y dónde fue capaz de elevar el nivel de vida de los pueblos sin la ayuda de los ingenuos capitalistas? Hasta ahora sus "logros" todos son negativos: someter, esclavizar, asesinar, robar, obstaculizar y crear pobreza. Casi toda la que vemos en el mundo es consecuencia directa o indirecta de sus acciones: guerras, guerrillas, terrorismo, robos depravados, hambre, miseria y pobreza extrema.

¿Y PARA QUÉ MÁS IZQUIERDA?

Si apartamos la parte más inhumana de la izquierda, que incluye el sometimiento, los robos y crímenes que cometen y la generación de pobreza, ¿cuál sería la principal diferencia entre un sistema de izquierda y uno de derecha? ¿En qué se diferenciaría uno del otro? ¿Acaso la gran diferencia no está en la posesión de los medios de producción, servicio e información? Que mientras que con la izquierda estarían en manos de un partido, o de un grupito, o de un tirano, con la derecha estarían repartidos entre millones de propietarios. ¿Y cuál era, supuestamente, el propósito fundamental de la izquierda? ¿Acaso no era el bienestar de la clase obrera y de todo el mundo? ¿Y en qué países y con que sistema está mejor la clase obrera? ¿Y cuál es el sistema que ha llevado mayor bienestar a la clase obrera y a todo el mundo? ¿Y en qué países y con cual sistema son más libres los ciudadanos? ¿Acaso no es precisamente en los países con sistema de libre mercado y libre empresa, o mejor dicho, con la derecha? ¿Y con cual sistema prosperaron y se desarrollaron los países, no obstante y tener que soportar los incalculables y graves daños que la izquierda les hace? ¿Acaso no sabemos todos que ha sido con el sistema donde se respeta la propiedad privada o de libre mercado y libre empresa?

¿Y qué países prosperaron o se desarrollaron con un régimen de izquierda? O mejor dicho, ¿Qué países prosperaron con los medios de producción y de servicio en manos de un partido o de un grupito? ¿Y en que países y con qué sistema están más sometidos los ciudadanos? ¿Acaso no es en aquellos con el sistema de izquierda? ¿Y no son éstas precisamente las grandes diferencias entre la izquierda y la derecha? Y si los izquierdistas lo que desean es el bienestar de todo el mundo y en especial de la clase obrera, ¿por qué entonces no están con la derecha? ¿Por qué entonces no están con quienes llevan la prosperidad y el bienestar a la clase obrera? ¿Por qué entonces no están con quienes realmente respetan sus derechos y les permiten disfrutar de bienestar? Entonces, ¿por qué y para qué existen candidatos de izquierda si todos nos empobrecen? ¿Por qué y para qué candidatos o regímenes de izquierda si todos nos esclavizan? ¿Por qué y para qué candidatos de izquierda si todos nos traen atraso, si todos nos traen miseria, si todos vienen a destruir, a estorbar, a robar, y a llevarse todo nuestro dinero? ¿Acaso no es por todo ello que hoy la izquierda inteligente busca parecerse más a la derecha?

Aclaratoria: señalar en estos momentos el progreso de la China, la cual sigue siendo una dictadura, es referirse al progreso que genera el libre mercado o la libre empresa en cualquier país, sobre todo cuando no tiene que soportar los graves daños que la izquierda le hace a los países hoy considerados capitalistas; y mejor aún cuando cuenta con el apoyo del gobierno y de los medios de información y opinión. Este es el caso actual de China.

Por eso, y quizás más aún se progresa en las dictaduras de derecha, ha pesar de su corta duración (donde los únicos inconformes son los izquierdistas), por la sencilla razón de ser muy pocos los daños que la izquierda puede hacer.

Este ha sido el gran problema de Venezuela y de muchos otros países: ser gobernada por izquierdistas. Lamentablemente, éstos están en todos los partidos y roban en todos los gobiernos. ¡Que diferencia con el gobierno de derecha de Pérez Jiménez, donde se vio progreso en muy poquito tiempo! Y sin agobiar al pueblo con impuestos y más impuestos, y sin monopolizar la información y la opinión. Y ¿para qué entonces, candidatos de izquierda si lo único que hacen es crear problemas, arruinar, crear miseria y llevarse todo nuestro dinero?

Pero quizás la culpa no sea de éstos directamente. Pues, ¿qué muchacho que llega a la Universidad para aprender y dominar una carrera, va a pensar que le enseñan falsedades? ¿Cómo podían darse cuenta que recibían errada formación política, económica y social? ¿Cómo podían darse cuenta que les inculcaban teorías equivocadas? ¿Acaso no fue allí dónde nació en ellos la pasión por esos equivocados ideales? ¿Acaso no fue allí donde nació en ellos el odio a los Estados Unidos y la falsa creencia de que los desangraban y explotaban? ¿Cuándo iban a pensar estos muchachos que países como China o Rusia abrirían las puertas a los norteamericanos y demás capitalistas de todo el mundo para que fueran a "desangrarlos" y a "explotarlos"? ¿Se acuerdan del libro: "Las venas abiertas de América Latina" que sus profesores les recomendaban leer? ¿Tuvieron culpa acaso nuestros muchachos de recibir estas falsas, obsoletas y criminales "enseñanzas" que demostraron ser un completo fracaso en todas partes?

Afortunadamente no pasó lo mismo con los estudiantes de los países ya hoy desarrollados. Supongan que los graduados de estos países hubieran salido con la misma formación política y social que en Venezuela. ¿Acaso habrían podido desarrollarse estos países? ¿Cómo estaría hoy Venezuela si Pérez Jiménez (último gobernante de derecha) hubiera seguido gobernando hasta su muerte, si en poquito tiempo transformó el país y ya casi ni ranchos quedaban? Desde entonces, y no obstante las inmensas cantidades de dinero proveniente de las exportaciones de petróleo, lo único que ha progresado con gobernantes de izquierda es la miseria, los secuestros, las invasiones de fincas y terrenos, las fábricas de ranchos o casuchas y el irrespeto a la propiedad privada. Por eso los venezolanos pasamos por tantas calamidades. Aquí podemos darnos cuenta del mal que hacen los izquierdistas con sus malas prácticas. A estos se debe que hayan invasiones de fincas y terrenos y fábricas de ranchos o casuchas en los países donde existe la propiedad privada.. Y por eso no hay invasiones ni las permiten en Cuba, ni en Corea del Norte, ni en China.

¿Acaso es comprensible que por culpa de un partido o de un tirano, miles de personas tengan que huir de su país, y millones pasen hambre y necesidades?

¿Sabrán estos peones de la izquierda, que el objetivo real de sus dirigentes foráneos es la conquista del poder mundial? ¿Serán tan ingenuos como para no pensar que los están usando para luego desecharlos y tirarlos al pipote de la basura, que el verdadero objetivo es someternos a todos? ¿Qué otro motivo puede haber para seguir dañando a las economías de derecha sabiendo que con ellas se progresa y es donde está mejor la clase obrera? ¿Qué otro motivo puede haber para seguir dañando a los países de libre mercado y libre empresa, cuando son éstos precisamente quienes ayudan a transformar sus atrasados países? ¿Será acaso por egoísmo, que no puedan soportar ver a otros prosperar y vivir de mejor manera? ¿Podría perjudicarse un país porque las personas progresen y adquieran bienestar como consecuencia de su trabajo y de sus ideas, que a la vez contribuyen al bienestar de los demás? ¿Acaso es preferible que el poder económico y político lo adquieran unos pocos por la fuerza o bajo engaño, para someternos y tenernos perpetuamente pasando necesidades? ¿Acaso no es mejor que los medios de producción estén bien repartidos y en manos de quienes saben progresar y llevar bienestar a sus paisanos, a su país y al mundo? Y los empleados públicos que se limiten a desempeñar honradamente los cargos para los cuales son elegidos. En esto deberían estar precisamente los periodistas, vigilando que los empleados públicos hagan su trabajo honradamente, y denunciando y haciendo castigar a los corruptos.

LOS VERDADEROS ASESINOS

Si a un desquiciado le da por matar gente, lo correcto es que lo encierren para que no asesine más. Pero si alguien lo esconde, o sabe donde está y no lo dice, o dificulta su búsqueda mientras sigue asesinando, ¿quién es entonces el verdadero asesino? ¿Y que decir de quienes planifican, arman y entrenan a terroristas y guerrilleros? De quienes reclutan muchachos inocentes, y les lavan el cerebro, y les meten en carros llenos de dinamita o les ponen un cinturón y les mandan a morir, asesinando y mutilando a cientos de personas inocentes. Mientras tanto, los medios de información pertenecientes a estos criminales, y que lamentablemente operan libremente en todo el mundo, en vez de criticar y atacar a quienes les arman y les entrenan, que son los verdaderos asesinos, critican y acusan a los gobiernos o mandatarios que de alguna manera les enfrentan o hacen algo para controlarlos. Culpan precisamente a quienes enfrentan a estos asesinos para proteger a sus países y a sus ciudadanos de estas masacres o múltiples asesinatos. Es como culpar a los policías porque se dedican a combatir al criminal. Es hacer creer y recomendar que los asesinos hay que dejarlos tranquilos, dejarlos de buscar para que dejen de matar, de lo contrario van a seguir asesinando. O sea, los mismos medios de información y opinión preparan el chantaje del demonio y lo difunden repetidamente para que todo el mundo lo acepte. Y presionan y manipulan de tal manera a la masa descerebrada, para que terminen aceptando el chantaje y ver con buenos ojos el retiro de las fuerzas que nos defienden del mal. Para colmo, muchos ni se dan cuenta de la manipulación de que son objeto. Estos individuos que protegen a estos asesinos y que ensalzan sus criminales actos, que es precisamente lo que ellos quieren, y que hasta les dan notoriedad y los glorifican, son los verdaderos asesinos. Y llegan al colmo hasta de entrevistarlos o de transmitir sus mensajes y grabaciones, e incluso hasta les llevan a la pantalla para convertirlos en héroes, precisamente lo que ellos quieren. Hacen lo contrario a lo que deben. Y no es que lo hagan sin darse cuenta, pues los resultados de esta conducta se conocen desde hace tiempo y es aceptada por todos los sicólogos y siquiatras. Ejemplo: hace algunos años podíamos observar como algunos aficionados se lanzaban al terreno de los estadios para que las cámaras los enfocaran y les vieran por televisión, y hasta conseguían aplausos del público. Querían que les vieran como individuos osados e intrépidos. Querían sentirse importantes. Esto trajo como consecuencia que proliferaran los temerarios y atrevidos, y cada vez eran más los que se lanzaban al terreno. Hasta que se pusieron de acuerdo las autoridades y los dueños de equipos para que los camarógrafos no los enfocaran, y los locutores y comentaristas los ignoraran, o más bien les criticaran, y hasta les castigaran por interrumpir el espectáculo. Ahora los casos son aislados, y conste que son repudiados por todos. Pues igual y con más razón debe ser el comportamiento de los medios de comunicación si realmente quisieran que se erradique el terrorismo. En primer lugar, deben criticar estos actos por lo monstruoso que son. Y en segundo lugar, deben ignorar a sus protagonistas, nunca darles notoriedad. Jamás publicar sus mensajes, ni entrevistarles, ni justificar de alguna forma los actos criminales que cometen, pues esto es precisamente lo que ellos quieren. Lo que tienen que hacer los medios y periodistas es labor investigativa y colaborar por el tiempo que sea necesario hasta detener y castigar a estos criminales, tanto a los autores materiales e intelectuales, como a quienes les arman y los entrenan, que son propiamente los verdaderos asesinos. Y no como algunos medios lo hacen, que hasta justifican de alguna forma este comportamiento, al echar la culpa a las autoridades que los enfrentan, por lo cual se convierten en verdaderos asesinos, que pocas veces vemos, pero que están detrás de la opinión y las noticias. Lamentablemente se están apoderando de casi todos los medios de información y opinión, los cuales compran o establecen nuevos. Es mucho el daño que hacen amparándose en la mal interpretada libertad de expresión. La otra estrategia consiste en conseguir, buscar o hacer noticias que perjudiquen a los mandatarios de derecha de los Estados Unidos y de todo el mundo libre occidental; en repetirlas mil veces si es preciso. Y en omitir las que ponen al descubierto los delitos y las barbaridades que los izquierdistas cometen, así como en omitir a las que dan prestigio y favorecen a nuestro sistema de libre empresa. O para aparentar, las trasmiten sólo una vez, y a las horas de menor audiencia, y les echan tierra para siempre, o sea, que no las mencionan más. La segunda estrategia es la opinión: contactan y entrevistan, podría decirse que exclusivamente, a sus propios "analistas", sabiendo de antemano las ideas que quieren sembrar en la opinión pública. La tercera estrategia consiste en promocionar a los candidatos de izquierda para los puestos públicos, que incluyen la Presidencia y el Congreso, tanto en los Estados Unidos como en otros países, y en deteriorar y destruir la imagen de los candidatos de derecha y personalidades que ocupan altos puestos públicos, así como a candidatos no convenientes a sus mezquinos y criminales intereses. Podemos decir que en estos precisos momentos se está librando la Tercera Guerra Mundial. Y si los países libres no toman medidas drásticas para evitar que los enemigos de la libertad sigan apoderándose de todos los grandes, medianos y pequeños medios de información y opinión: periódicos, cadenas de radio y televisión, revistas, y hasta de las grandes y pequeñas editoriales y distribuidoras de libros en todo mundo, con toda seguridad ganarán esta guerra.

Así observamos las injustas críticas que le hacen a los Estados Unidos al querer hacer justicia al cobarde y monstruoso atentado criminal del que fueron víctimas. Es tal la manipulación de la información con sus parcializados "analistas", que nunca escuchamos decir la autentica VERDAD: que LOS UNICOS CULPABLES de las muertes de iraquíes y soldados norteamericanos en el exterior, son los que arman y entrenan a los terroristas, así como los que están detrás de bastidores, escondidos o disimulados en los medios de información y opinión.

Es tal la manipulación, que venden una serie de documentales grabados cuya finalidad es hacer de los terroristas unos héroes o mártires, y de los norteamericanos unos malvados. Esto sólo puede significar que están al servicio de quienes financian, patrocinan y protegen a estos criminales. Por ello, si deseamos conservar nuestros valores de libertad y democracia es VITAL impedir a toda costa que los amigos de la esclavitud, en forma por demás silenciosa, y con dineros provenientes (la mayor parte) de países petroleros con gobiernos pro comunistas, así como de la Europa del Este, sigan comprando y APODERÁNDOSE de los medios de información, y de las editoriales y distribuidoras de libros en todo el mundo.

Igual se deben castigar a los responsables de una gran industria cinematográfica productora de programas, reportajes y películas para la televisión y el cine, cuyo fin es precisamente desmoralizar y corromper la sociedad y nuestros valores morales y religiosos. Por ejemplo: es posible que de cada mil policías y funcionarios del gobierno de los Estados Unidos, novecientos noventa y nueve sean personas honestas y responsables. Sin embargo, en las películas que últimamente vemos, es difícil conseguir una donde no estén involucrados funcionarios corruptos de todo género, para dar la impresión de que casi todas las autoridades y funcionarios del gobierno de los Estados Unidos son delincuentes. Estas películas tan nocivas y destructivas, ya deberían estar prohibidas, pues esta gente no abandona la práctica maquiavélica de fabricar y justificar todos los males con tal de conseguir sus fines: dominar el mundo. Para ello vendrán otros, quizás muy pronto, y también de izquierda, que criticarán la corrupción y la descomposición social y culparán al sistema, y ofrecerán salvar el país; ya para entonces, casi todos los medios estarán en su poder, y les apoyarán. Y todo el mundo estará de acuerdo con ellos. Y serán los héroes. Y tomarán el poder, que es precisamente lo que ellos quieren. Recuerden que se trata del imperio del mal. Y ya saben como engaña Satanás.

Otros de los daños más graves que hacen estos terroristas, es que a ellos se debe que los precios del petróleo estén tan altos, tan exageradamente altos, por sus sistematizadas y disimuladas campañas para subirlos. Y esto es tan grave que ha vaciado las reservas y puesto en dificultades a muchos países. Sin embargo, en ningún momento los medios de información mencionan que el principal problema de estos países son los exagerados precios del petróleo, porque son los mismos medios de información quienes se encargan de subirlos. Jamás se les escucha decir que los precios del petróleo bajarán por algún motivo, como en efecto los hay. Por ejemplo: en la tragedia de New Orleans quedaron arrasadas varias refinerías; habría sido un buen momento para anunciar que gran cantidad de petróleo quedaría sin mercado, por lo tanto los precios bajarían. Pero ellos lo hicieron al revés, y anunciaron que debido a la tragedia los precios del petróleo subirían, y los hicieron subir. Y es que la gente se deja manipular. Porque en realidad no hay un sólo motivo para que suban los precios del petróleo que no sean todos de aspecto psicológico, o mejor dicho, por las declaraciones alarmistas de estos "analistas" o terroristas de izquierda que están en los medios de información. Y esto lo saben los políticos de izquierda, apoderados, no por casualidad, de los países mayores productores y exportadores de petróleo que monopolizan casi todas las exportaciones. Por ello inventan y anuncian a cada rato supuestos incidentes para sembrar alarma y hacer subir los precios.

Otra modalidad es el terrorismo financiero, gravísimo también. Con sus "analistas", y sus comentarios negativos y pronósticos pesimistas, pero solo para aquellos países libres y democráticos con gobiernos decentes. Para los países controlados por la izquierda no hay malos pronósticos. Estas campañas de descrédito financiero debían prohibirlas, pues son muy graves los daños que hacen. Son muchos los Bancos quebrados por ellos en muchos países, cuando llevan el pánico a los ahorristas y a todos los que tienen depósitos en los bancos.

El daño que le hacen a la sociedad Norteamericana es muy grande. Por ello, y con permiso del autor incluyo este artículo de un conocido columnista y escritor venezolano y autor de varios libros: Kaled Yorde, publicado en 1980, cuando criticaba una de estas producciones cinematográficas de izquierda.

ANATOMÍA DE UN GRAN PAÍS

Por: Kaled Yorde

Duele de verdad mucho cuando la mezquindad y los oscuros intereses se valen de la generalización, tergiversación de hechos, mentiras, falsedad de datos, etc., para crear mala imagen de un país, o de una persona cualquiera. Por más que sea esto un proceder común hoy en día, dada la proliferación de la envidia y el odio en los corazones de los hombres, no acaba uno por acostumbrarse a ello. Hace días se exhibe en esta ciudad una película cuyo título es "Locura Americana II", producida, según parece, por un consorcio europeo de tinte izquierdista, cuya finalidad fundamental es el desprestigiar a ese gran país del norte, los Estados Unidos de Norteamérica, vendiendo una serie de imágenes y escenas de los hechos y las cosas negativas, criminalidad, locura, aberraciones sexuales, prostitución sofisticada, lucha y boxeo entre mujeres y la ejecución en la silla eléctrica de un criminal. La película presenta esa serie de hechos con un morbo exasperante, poniendo énfasis en que eso es la generalidad y la característica fundamental de la sociedad norteamericana.

142

Esto es una falsedad de marca mayor, una falacia, una distorsión malintencionada de los hechos, un engaño inconmensurable, una vil mentira llena de mala fe y una vulgar propaganda antinorteamericana. Sencilla y llanamente porque eso no es lo común, ni lo general y frecuente en los Estados Unidos de Norteamérica. Pretende esta película sembrar en el ánimo de los espectadores la sensación de que Norteamérica es una jungla atiborrada de maniáticos, dementes y degenerados, cuya actividad diaria no es otra cosa que el crimen y las aberraciones.

La gran verdad es esta: Tiene que ser una persona muy fanática, con ceguera mental e ignorante de marca mayor, para no ver a simple vista, tan pronto entra en territorio norteamericano, que está en el país más organizado, limpio, respetuoso y desarrollado del mundo. Los Estados Unidos de Norteamérica son un modelo en cuando a vivir dentro del marco de la ley y el respeto por los demás, donde el ciudadano común le da al visitante una verdadera lección diaria de civismo, de conciencia patria, de disciplina, orden, limpieza en general, etc. En ese país, los servicios públicos funcionan todos a la perfección, de manera que no existe el abuso de los transportistas, gas, aseo, agua, luz ni teléfonos. Desde cualquier teléfono público o privado, en las calles o en el hogar, puede el suscriptor hacer en cuestión de segundos una llamada a cualquier parte del mundo o dentro del país, teniendo a la operadora de aliada; ningún recibo se pasa con un recargo injustificado; las leyes existen para ser respetadas y así lo hace todo el mundo, o por lo menos ese es el patrón común del ciudadano: estar siempre dentro del marco de la ley. En cuanto a civismo, es un país gigante: Nadie se le ocurre pasarse de vivo en las filas ante una taquilla o frente a la caja de un supermercado, restaurante, botica, estadium, tren subterráneo, etc. Otra cosa muy importante: el patrón común del norteamericano es su proceder dentro de la buena fe. Creen ciegamente en la buena fe de los demás porque ellos proceden siempre de buena fe, a pesar del abuso de la gente extraña a ellos que convive en Norteamérica, tal como latinos, asiáticos, etc. El norteamericano común, sobretodo cuando está alejado de los latinos y otras colonias, es generalmente amable, sano, colaborador y muy amante de la gente, en especial de los niños. En esto nos dan una lección abrumadora y, duélale a quien le duela, Latinoamérica está a casi un siglo de atraso en cuanto a civismo y respeto, orden y disciplina con respecto a los Estados Unidos. Allí no existe el abuso de los acaparadores de alimentos, ni esconden la comida del pueblo.

Como país de más de 280 millones de habitantes con una gama de colonias extranjeras y procedencias de todas las latitudes, sin lugar a dudas que tienen muchos problemas. Como el ciudadano vive libremente, sin la vigilancia absolutista del Estado o de un tirano, tal como sucede en los países comunistas, se ven abusos y excesos. Pero estos abusos y excesos -la mayoría de ellos importados- no son de la magnitud y el tamaño que la mencionada película quiere hacer parecer. Estados Unidos no es la patria del crimen y el asesinato por el hecho de que es libre la venta de armamentos en las tiendas a cualquiera persona. Esto es así porque en Norteamérica es sagrado el derecho del ciudadano a defenderse en su hogar de cualquier agresión o atraco. Claro está, la venta libre de armamento trae excesos y abusos; tal vez crímenes y atracos, pero todo ello en pequeñas proporciones -muy pequeñas- si tomamos en cuenta que son 280 y pico millones de personas, todas ellas libres, respetadas y reclamantes de su individualidad, a diferencia de los países socialistas donde el individuo no vale nada frente al Estado. El diluvio de drogas que llegan del exterior, la juventud desenfrenada, la segregación racial en algunos Estados, dejan huellas profundas en la sociedad norteamericana, pero todo esto está dentro del margen de control y en constante disminución y no fuente de muertes y desapariciones, como la película pretende hacer creer. Sólo entre Stanlin y Mao, para no citar a otros, han habido casi una cuarta parte de la población norteamericana en muertos y desaparecidos. Por algo todo el mundo quiere huir de allí, y esto no sucede en Norteamérica. Sin entrar a hablar de la política, industria y la economía, terminamos esta breve anatomía con una referencia a los buenos sentimientos y las tradiciones de festejos del día de acción de gracias al Creador, las celebraciones de las Navidades y las fiestas del Haloween, hermosísimas y muy agradables tradiciones que el norteamericano festeja con gran emoción. Norteamérica es, además de esto, nada menos y nada más que la más grande democracia del mundo.

Recordemos que esto fue escrito en 1980. No es de extrañar pues que hayan empeorado las cosas, porque precisamente, ese era y sigue siendo el propósito de estas personas o estos consorcios que producen este tipo de películas: corromper y humillar a la sociedad norteamericana. Actualmente son muchos los ''estudios'' que producen este tipo de películas dentro de los mismos Estados Unidos, ahora más dañinos y disimulados.

DE LA TEORIA A LA PRÁCTICA

Si hacemos a un lado el sometimiento, ya más que suficiente para escabullirse de los izquierdistas, y suponiendo que en la práctica, en el aspecto económico, obtuvieran buenos resultados, no habrían tantas razones para temerles. Pues incluso, con el tiempo, los más favorecidos podrían ser, las mismas personas que generalmente se superan en el sistema de libre mercado y libre empresa. Dicho de otra manera, los más favorecidos podrían ser los creadores de riqueza y bienestar en un sistema de libre mercado y libre empresa; o sea, los mismos que llegan a convertirse en propietarios de medios de producción y de servicio. Repetimos, si en la práctica los medios de producción y de servicio funcionaran bien en manos de un partido político, los más favorecidos podrían ser todos aquellos que en los países libres hacen todo lo posible para sobresalir, como la forma más confiable y segura de llevar bienestar y mejores condiciones de vida a su familia sin estar atenidos a la benevolencia de quienes representen al partido, o al Estado supuestamente protector y paternalista.

Y decimos que serían los más favorecidos, porque son las personas que más se angustian y se preocupan por su seguridad económica. Por eso hicieron y aún hacen grandes esfuerzos para salir de la pobreza o la mediocridad. Por eso, millones de personas lo lograron, y muchos más lo siguen intentando y alcanzando el éxito.

Y es que debido a la incertidumbre propia del sistema de libre empresa, son las personas que más se angustian, se preocupan, se enferman, y hasta mueren más temprano. En cambio, en un sistema de izquierda que funcionara bien, ya no tendrían que preocuparse por su bienestar. Aunque debemos reconocer que esta incertidumbre o inquietud es la que los lleva a ser creativos, a hacer el máximo esfuerzo, a crear nuevos medios de producción y de servicio, a establecer nuevas industrias y comercios, y a introducir productos nuevos al mercado. Por cierto, productos que vemos hoy de lo más normal, pero que no existieran de no ser por la inquietud de estas personas.

¡Que bueno sería para estas personas y para todo el mundo si la izquierda pudiera proveerles –al igual que el sistema de libre empresa- de todo lo necesario, de todo lo que pudieren llegar a necesitar, no sólo para vivir de la manera que desean, sino también para seguir edificando los proyectos que tengan en mente, y los que en un futuro se les ocurra concebir! Si éste fuera el caso viviendo en un sistema de izquierda, las personas ya no tendrían que preocuparse ni angustiarse por su porvenir y el de su familia. Ni sentir temor por fracasar, o de quedar en la ruina. Ya no tendrían que inquietarse por su seguridad y bienestar, como cuando en sus inicios se angustiaban y preocupaban, no sólo para conseguir o conservar el trabajo que tenían, sino también para conseguir otro adicional, y poder ahorrar el dinero suficiente para acometer sus proyectos e ideas.

Naturalmente, con un cambio de sistema, lo que más preocupa a estos millones de personas que tanto bregaron y se esforzaron, es la incertidumbre de su futuro. Les preocupa y con razón, que los izquierdistas en todos los países donde instalaron sus dictaduras, no fueron capaces de satisfacer las necesidades mínimas de la población. Les preocupa, y con razón, que luego de haber sudado la gota gorda, pues era realmente la única manera de asegurarse un futuro mejor para ellos y su familia, pudieran ser entonces quienes la pasen peor. Les preocupa y con razón, que luego de muchos años de lucha para salir de la pobreza, puedan pasarla realmente mal. Que luego de muchos y prolongados esfuerzos para sobresalir, para finalmente llegar a vivir de mejor manera, todo se les derrumbe. Les preocupa y con razón, que luego de toda una vida de privaciones, ahorrando y haciendo grandes esfuerzos para surgir, todo se les venga abajo por culpa de personas que hasta puedan ignorar el bien que todos ellos generaron, incluyendo el que los demás y hasta los mismos izquierdistas también tengan trabajo y bienestar. Que hasta puedan ignorar que gracias a ellos existen en el mercado suficientes alimentos, bienes y servicios.

Tiene que preocuparles, que después de tantos años de esfuerzo para labrarse una vida mejor, deban conformarse en adelante con lo poco que les den, o quieran dar, aquellos que nada crearon, ni hicieron el mínimo esfuerzo para producir bienes y servicios y llevar bienestar a los demás. Que posiblemente el único esfuerzo que se les pueda atribuir, es el de conquistar el poder valiéndose de todos los medios, donde se incluyen todos los males.

Les preocupa y con razón, que siendo los que más se angustiaron y preocuparon para asegurarle un futuro mejor a su familia, y los que más contribuyeron al bienestar de los demás, sean precisamente los más afectados. Les preocupa y con razón, que les usurpen derechos elementales, siendo los que más merecen tener. Les preocupa y con razón, que les impidan disfrutar con sus familias de su esfuerzo y su trabajo, mientras que los que nada crearon, ni produjeron, ni se esforzaron, ni preocuparon, sean los que disfruten del esfuerzo ajeno.

Claro que sería muy bueno que un sistema de izquierda fuera capaz de llevarle bienestar a todos, y en completa libertad. Porque no debemos olvidar, que en libertad, por más pobres o ignorantes que sean las personas, pueden ser emprendedoras o aventureras, y gustan de inventar y hacer cosas que los demás ni se imaginan. Por eso prosperan tan rápidamente los países libres, porque las personas, al no tener el obstruccionismo oficial, logran lo que desean, y cada quien se las ingenia para salir adelante.

Claro que sería muy bueno que viviendo en un régimen de izquierda pudiéramos conseguir todo lo necesario para hacer lo que deseemos, mientras no perjudiquemos a los demás. Pero, ¿quién nos garantiza que no pasaremos privaciones? ¿Quién nos garantizará que podremos conseguir todo lo necesario para vivir cómodamente y para los pasatiempos que nos guste disfrutar al igual que los conseguimos en los países de libre mercado y libre empresa? Por ejemplo, adquirir una mascota y disponer todo el tiempo de sus alimentos e implementos y medicinas, o como adquirir un bote para pasear o pescar.

Si los medios de producción y de servicio realmente funcionaran bien en manos de unos pocos, aunque fuera en el aspecto económico, que bueno habría sido para los que se preocuparon por su porvenir, y para todos los que decidieron trabajar más de 10 horas al día para poder ahorrar y montar su propio negocio. Que bueno habría sido para todos aquellos que a fuerza de trabajo, ahorro e inquietudes lograron alcanzar una vida estable y un futuro libre de privaciones.

Si el sistema de izquierda realmente funcionara, ¡que bueno habría sido para todas aquellas personas que enfermaron y envejecieron prematuramente, preocupados y angustiados por su porvenir y el de su familia! ¡Y para todos aquellos que debido a las preocupaciones y al esfuerzo para salir adelante se enfermaron y no lo llegaron a disfrutar! Y para todos aquellos que crearon grandes empresas e hicieron grandes obras de las cuales hoy todos disfrutamos. Y para todos los que hoy trabajan o se preparan mental y materialmente para hacer realidad sus proyectos o ideas.

Si la izquierda realmente funcionara, deberíamos alegrarnos pues todo se nos simplificaría. Ya no tendríamos que angustiarnos por nuestro futuro, ni de trabajar sobre tiempo, ni desvelarnos por las noches pensando como resolver al día siguiente los problemas que se nos presentan todos los días. Ya no tendríamos que preocuparnos por la contabilidad, ni del impuesto sobre la renta. Serán los funcionarios del Estado quienes deberán preocuparse para que todo marche bien. Serán los funcionarios del partido los responsables de que el pueblo no pase necesidades. Serán ellos los que deban preocuparse para que nadie pase necesidades.

Quizás los más afectados podrían ser los propios izquierdistas, acostumbrados a vivir muy bien en los países capitalistas, con empleos muy seguros y bien pagados, y donde consiguen todo lo que desean comprar. Que nunca tuvieron que preocuparse por el sustento, al tener buenos "trabajos" en puestos públicos, o en los medios de información y opinión, o de profesores en universidades o liceos, y siempre ganando bien. Y podrían ser los más afectados, porque ahora serían ellos los que tendrán que preocuparse, no sólo por su bienestar, sino también por el de los demás. Porque en los países libres nunca se preocuparon por ahorrar o guardar. Y para qué, si al instalarse la izquierda, de lo cual ellos estaban seguros, el sistema se encargaría de darles todo lo necesario. Por ello todo se lo gastaban. Por ello disfrutaban todo lo que la libre empresa les ofrecía. Tan acostumbrados a lo bueno del sistema, que hasta llegaban a comprar y gastar más de lo que podían, y en completa libertad.

Y como no estamos seguros de lo que realmente va a ocurrir, que Dios nos agarre confesados.

¡QUE DISTINTAS SERÍAN LAS COSAS!

Sin duda, la existencia y actuación de los militantes políticos de izquierda, con sus maquiavélicas prácticas, ha sido aterradoramente dañina para la humanidad. Aquí se incluyen guerras y guerrillas, asesinatos y actos terroristas monstruosos, así como incontables y escandalosos saqueos a los dineros del pueblo. Sin embargo, es tan abrumadoramente eficaz el sistema de libre empresa, que a pesar de los gravísimos daños que intencionalmente le hacen en todas partes, aún así, progresa. ¿Pero acaso no estaríamos mil veces mejor sin estos continuos y severos daños? China es un gran ejemplo de lo que puede suceder en un país cuando funciona el libre mercado y la libre empresa en un ambiente de paz y sin los inconvenientes y los daños que la izquierda acostumbra hacer en los países capitalistas. Imagínense ¿qué habría ocurrido si en el mismo momento en que Rusia fue sometida al totalitarismo marxista, el resto del mundo lo hubiera sido también? ¿Abríamos llegado a alcanzar los niveles tan altos que hoy tienen la ciencia y la tecnología? ¿No estaríamos aún anclados en la tecnología del siglo XIX? Y ni soñar en acudir en busca de ayuda financiera y tecnológica de Occidente, como lo hacen hoy los izquierdistas, pues sin duda, todos estaríamos en el mismo atraso, o peor aún, pues al eliminar en aquel tiempo a los enemigos del proletariado (las máquinas), produciríamos aun todo manualmente. Y, ¿con qué bola de cristal habríamos podido presenciar el bienestar que pudimos generar, las enfermedades que hoy podemos prevenir y curar, o las comunicaciones satelitales, o la infinidad de productos y entretenimientos que hoy nos hacen la vida más agradable y placentera? Por otro lado, si Rusia y demás países europeos del Este NO hubieran sido sometidos por los izquierdistas, conociendo el espíritu emprendedor de estos europeos, y sabiendo que la mayoría de los millones de personas muertas o ejecutadas en esos países eran de las más instruidas e inteligentes, ¿no estaría el mundo en la actualidad mucho más desarrollado y adelantado en todos los aspectos? ¿Nos podemos imaginar cómo sería hoy el mundo de agradable y pacífico, y de inmensa nuestra prosperidad y progreso, si desde esa misma época, los izquierdistas, así como hoy hacen campañas periodísticas en los medios para lograr sus propósitos, en vez de dedicarse a luchar contra las democracias y demás países capitalistas, entorpeciendo su progreso y desarrollo, se hubieran dedicado con la verdad por delante a denunciar y a trabajar para corregir las cosas realmente injustas y a perfeccionar sus defectos?

¿Y qué tal, si los que creemos en la propiedad privada, suficientemente motivados, nos organizáramos y trabajáramos para defenderla, como los izquierdistas defienden sus creencias? Esta es sin duda una de las grandes fallas que tienen las democracias: que muy poco se defienden de quienes tanto daño le hacen. ¿Cómo se explica que las democracias puedan tolerar tanto daño, e incluso permitir en el juego político a quienes vienen precisamente a terminar con éstas, y a tratar de imponernos un régimen en el cual ni ellos mismos desean vivir?

Quizás esto suceda porque a la gran mayoría de los partidarios de la propiedad privada y de la libre empresa no nos gusta la política. Tampoco nos preocupamos por llevar la democracia y el sistema de libre empresa a otros países. Ni siquiera estamos organizados para defendernos de las arremetidas de la izquierda, por cierto, enemigos gratuitos, pues nada malo hicimos los demócratas para ganárnoslo. La verdad es que nos gusta vivir en paz. Porque vemos la propiedad privada como lo que realmente es: Algo natural que siempre existió. Hasta los animales defienden instintivamente sus territorios. Y es que los que creemos en la libre empresa y en la propiedad privada, sencillamente nos dedicamos a trabajar, preocupados por nuestro porvenir. Nos dedicamos a producir: comida, vestido y todo tipo de bienes y servicios. Porque nuestra primera preocupación es ganarnos el sustento para nuestra familia y tratar de mejorar las condiciones de vida. Nos dedicamos a producir y a superarnos cada día más. Nos dedicamos en cuerpo y alma a trabajar para conseguir nuestras metas, con las que cada quien sueña y aspira llegar a ser. Que sólo las interrumpimos cuando se nos enferma un ser muy querido, y hacemos a un lado el aspecto económico y le damos prioridad a la salud del familiar. Pero luego de solventar la situación, volvemos al trabajo casi con el mismo ímpetu. Porque trabajamos para nuestra superación y nuestro bienestar, y no nos queda tiempo para preocupamos por la política, a menos que nos esté afectando, a menos que nos haga daño, como es el caso actual.

Quizás en el fondo el gran problema es que no todas las personas se complacen del progreso de los demás. Y hasta sufren al ver a otros progresar. Prefieren verlos pasando necesidades. Quizás porque ellas nunca hicieron el esfuerzo, o medio lo hicieron y fracasaron. O les bastó leer un folleto de los que se valen los marxistas, que les dijera que es injusto que unos tengan y otros no, para dedicar toda su vida a crear males a los demás, y a criticar a quienes intentan mejorar de condición y dedicarse a vivir a expensas del que produce.

¿POR QUÉ ALGUNOS AÚN CREEN EN LA IZQUIERDA A PESAR DE SU FRACASO EN TODO EL MUNDO?

¿Por qué aún creen en la izquierda no obstante y que todas las teorías que la sustentaban perdieron su vigencia? Principios como la igualdad, la explotación, la dependencia económica, la plusvalía, la erradicación de las creencias religiosas por considerarlas el opio del pueblo. Todos errados o muy mal enfocados.

Hoy sabemos que esta ideología, por su misma forma de ser, se convierte en la mayor desigualdad entre gobernantes y gobernados, y en la peor explotación del hombre por el hombre, ya que las personas no tienen otra alternativa que someterse al único patrón, al único partido todo poderoso que impone todas las reglas a las cuales obligatoriamente tienen que obedecer. Y con respecto a las religiones, mal llamadas "el opio del pueblo", han sido tan penetradas por la izquierda, que ahora unidas a los medios de información y opinión, son las principales armas con que cuenta la Izquierda para conseguir y mantener el poder.

Lamentablemente estas ideas no han muerto. ¿Cómo podrían desaparecer mientras haya personas que aún crean en ellas? ¡Y como trabajan! Con qué dedicación y entusiasmo se entregan a la lucha todos los días desde sus diferentes puestos de combate a poner su granito de arena para acercarse más al objetivo final: dominar el mundo. Pero, ¿valdrá la pena todo este esfuerzo? ¿Cómo pueden tan fríamente querer eliminar un sistema económico y político que ha probado ser capaz de satisfacer las necesidades materiales y espirituales de todos sus ciudadanos? (incluyendo a los mismos izquierdistas que quizás lo viven y lo disfrutan más que los demás) y en la forma más fácil: en completa libertad. Y lo peor de todo, para instalar otro sistema incapaz de mantenerse por sí solo. Que nunca ha podido progresar si no es precisamente con la ayuda de los países que tienen el sistema que quieren eliminar. ¿Saben lo que significa eliminar un sistema de ciudadanos libres que ha probado ser super eficiente, para imponer otro de esclavos e ineficiente, que pretende funcionar con lo creado por el sistema que quieren eliminar?, y que tiene mayor mérito -y disculpen que insista en este tema- al ser capaz de progresar, no obstante la perenne agresión de quienes le quieren eliminar.

¿Cómo podrían, sin la menor vergüenza, alimentarse y aprovisionarse con los bienes creados por el sistema que quieren eliminar? ¿Qué futuro podríamos tener con un sistema, cuya única manera de ponerlo en práctica es engañando y por la fuerza?

Son como la planta parásita, que se adhiere a una sana para nutrirse de ella, y "en agradecimiento" la va debilitando hasta que muere. Pero la planta no piensa, no se da cuenta que destruye a quien le da de comer, no se percata que cuando aquella muera, morirá ella también. No se dan cuenta que destruyen la sociedad en la cual viven y disfrutan con su familia. Que eliminan a quien les da de comer. Que pierden, no sólo todo lo bueno que sabemos tiene este sistema, sino también lo adicional que podríamos lograr tratando de mejorarla. Que perdemos no sólo todo lo bueno que sabemos tiene y que no valoramos por la costumbre, sino que también perdemos la independencia y libertad.

Sabemos que la democracia tiene defectos, algo lógico pues no existe la perfección. Sería mentira negar que la democracia neoliberal, tal como existe en muchos países, esté libre de problemas. Pero, ¿acaso ignoran que la mayoría de estos son causados precisamente por izquierdistas cuando hacen lo inimaginable por destruirla? ¿Cómo sería esta sociedad, mis amigos de izquierda, si ustedes en vez de trabajar tan entusiastamente para destruirla, lo hicieran para perfeccionarla?

¿Acaso ya saben bajo las órdenes de quién vamos a quedar si la izquierda llegara a dominar el mundo? ¿Tomarán en cuenta nuestras ideas, nuestra forma de ser, nuestras costumbres e inquietudes? ¿Qué trato nos darán? ¿Podríamos regresar arrepentidos a nuestro viejo sistema de libre mercado y libre empresa? ¿Acaso podríamos, o nos dejarían regresar para vivir otra vez en libertad y con entera independencia? ¿A quién podríamos acudir luego que estemos todos sometidos?

Una de las grandes diferencias entre un gobierno de este tipo, sin alternativas, y un gobierno libre, es que en éste, todo individuo puede llegar a ser importante por más mediocre que sea. ¿Cuántos millones de personas hacen fortuna en nuestro sistema sin ser muy inteligentes? ¿Podría llegar a ser importante una persona mediocre en un sistema de izquierda? Precisamente, esa es una de las diferencias con nuestro sistema de libre empresa, que en éste, hasta la persona más insignificante del mundo puede llegar a ser importante. Porque hay tantos caracteres y cualidades en cada persona, que sólo cada quien en su individualidad es capaz de desarrollar. Hasta pueden llegar a ser importantes si tienen la buena suerte de sacarse la lotería, algo vedado en un sistema de izquierda, pues, ¿qué podrían comprar con el premio gordo si no existe la propiedad privada?

Si el marxismo fuera realmente un buen sistema de gobierno, ¿por qué entonces tiene que esperar que las personas en libertad o en democracia desarrollen los medios de producción y de servicio para luego quitárselos?¿Para qué tendría que esperar que el "sistema que no sirve" les lleve bienestar y prosperidad? ¿Por qué tienen que ser parásitos? ¿Por qué no son capaces de prosperar sin la ayuda de los ingenuos capitalistas y sin robarles el dinero? ¿Por qué no demuestran al mundo que son capaces de hacer algo bueno sin la ayuda de los capitalistas? ¿Por qué no demuestran que pueden prosperar en libertad y en democracia? Y si no pueden progresar sin la ayuda de los países libres. ¿Por qué entonces los quieren eliminar? ¿Qué ganan al querer engañar y hacer creer que la sociedad en la cual todos quieren vivir, no sirve? ¿Qué logran al querer hacer creer que la sociedad en la cual nadie quiere vivir, si sirve? ¿Por qué no demuestran primero que la sociedad en la cual nadie quiere vivir, si sirve? No cabe otro razonamiento que lo que está planteado desde las más altas instancias dictatoriales de izquierda no es la felicidad y el bienestar de la gente. De lo contrario, no buscarían desprestigiar y destruir esta sociedad a la cual le debemos casi todo, incluso el que podamos comer. No cabe otro razonamiento que lo que desean es conseguir el poder por el poder mismo, sin importar engañar y manipular a todo el mundo.

Si el comunismo fuera bueno, ¿por qué no lo pudieron demostrar? ¿Y por qué buscan la ayuda de los ingenuos capitalistas? ¿Y por qué tienen que imponerlo engañando y por la fuerza? ¿Cómo pueden querer eliminar un sistema que ha probado ser capaz, no sólo de mantenerse a sí mismo suficientemente, aprovisionado de alimentos y darse toda clase de comodidades y servicios, sino también hasta de contribuir con sus recursos, con sus alimentos, con su tecnología y con su gente, para ayudar a salir del estado de insuficiencia y atraso a los muy ingratos de izquierda?

Ahora tratan de monopolizar la información y la opinión. Se trata de evitar en lo posible todo discernimiento que pueda hacerles ver el error en que están. Se trata de silenciar en lo posible a todos los que no quieren vivir en un régimen de ese tipo. Se trata de esconder todos los crímenes, fracasos e injusticias cometidos por ellos en el camino. ¿Que podría esperarse de quienes toman el poder en base a falsedades, omitiendo las verdades, permitiendo todos los males, y destruyendo todos los valores morales, espirituales y materiales? Estamos seguros que los máximos dirigentes de izquierda, educados en la filosofía de usar todos los medios para conseguir sus fines, nunca los dejarán de usar. Y seguirán engañándose unos a otros. Y es algo muy lógico. ¿Cómo podrían tenerse confianza y creerse entre ellos mismos? ¿Cómo podrían saber quiénes y cuándo mienten, y quiénes y cuándo dicen la verdad? Supongamos que el mundo ya estuviera en manos de la izquierda, y que cada continente tenga su dirigente que tendrá sus propias ideas y seguidores. ¿Creen ustedes que cada cabecilla, en sus particulares ideas, no pensará que está en lo correcto, que tiene toda la razón? Y como buenos izquierdistas, ¿dejarán acaso de justificar todos los medios para conseguir sus fines? Y, ¿cómo podrían entre ellos mismos saber quien miente y cuál dice la verdad?

¿Se imaginan viviendo en un mundo en donde todos tengamos que aceptar, -sea cierto o no- lo que los amos nos inculquen como bueno, o como malo, o como justo o injusto?

Mis amigos de izquierda, ¿acaso pensaron que en estos precisos momentos los estén usando para alcanzar y tomar el poder mundial? ¿Acaso se dan cuenta que los usan y aplican altas dosis de su misma medicina? ¿Acaso los fines no justifican todos los medios?

¿Creen ustedes que los dirigentes de izquierda no saben, a estas alturas, como se construye un país? ¿Acaso ignoran como crear y llevar riqueza y bienestar a los ciudadanos? ¿Acaso no vemos como llevan a los inversionistas privados a todos los países donde desean el progreso? ¿Puedes tú, amigo lector, aportar tu granito de arena para evitar llegar a ser todos esclavos? ¿Has pensado que en tus manos está el cambiar un horrible futuro? ¿Sabes lo que significa perder indefinidamente la independencia y libertad? ¿Con qué fuerza militar podríamos los pequeños países hacernos respetar?

CORRUPCIÓN ¿QUIÉN LA INCENTIVA?

Los que han tenido la oportunidad de visitar ciudades con regímenes totalitarios de izquierda, u observar sus calles en películas o fotografías, habrán podido darse cuenta de la ausencia casi total de vehículos. Esto no es producto del momento, ni de la casualidad, ni de organización del tráfico como podríamos suponer. Vemos pocos vehículos porque la gran mayoría de las personas no tienen la posibilidad de adquirirlos. Tendrían que reunir el sueldo de varios años para poderlos comprar, aunque hoy las cosas están cambiando al abrirse algunos de estos países al libre mercado y a los inversionistas extranjeros. Pues bien, siendo los vehículos en la actualidad tan indispensables, ¿no estarían las personas en esos países más tentadas a corromperse para conseguir el dinero necesario para adquirir uno? ¿No estarían más tentadas a conseguir dinero ilícito que les ayudara a obtener aunque fuera el más insignificante de los automóviles? ¿Qué les impide delinquir? ¿Por qué no hay mayor índice de corrupción en la clase marginal de estos países? Varias son las razones: En primer lugar, por la estricta vigilancia que ejercen sobre cada persona. En segundo lugar, por la existencia de una sola o única opinión y el irrestricto control de la moral a su manera. Y en tercer lugar por los SEVEROS CASTIGOS que incluyen la pena de muerte. Pero en cambio, a alto nivel, en la clase dirigente, si hay mucha corrupción. Pero los esclavos no se dan cuenta porque no hay libertad de expresión como existe en los países democráticos, porque los medios de información que existen los controlan los altos funcionarios, y porque no tienen la vigilancia de periodistas, ni hay denuncias de la ciudadanía, ni hay otros partidos políticos que pudieran estar atentos a estas irregularidades, como sabemos que sucede en los países libres. Lo cierto es que en las democracias genuinas hay menos corrupción porque los altos funcionarios están sometidos a una mayor vigilancia de todos los sectores y de los mismos ciudadanos, que pueden denunciar a los corruptos sin el miedo que existe en las dictaduras.

Además, las personas que viven en los países libres deberían tener menos necesidad de corromperse porque tienen mayores oportunidades de mejorar su estándar de vida, y porque cada quien puede procurar ganar más dinero de diferentes maneras. La primera es que siempre están pensando en qué vender, o qué servicio prestar, o qué inventar, o fabricar algo que le guste o le haga falta a la gente. Otra es fundando su propia empresa, o trabajando más, por ejemplo, tener dos empleos. Y otra es haciendo mejor las cosas para conseguir ascensos y aumentos de sueldo. Y estas iniciativas sólo son posibles en los países libres. Esta es una de las grandes diferencias con los regímenes de izquierda. Es por eso que los países libres siempre están atiborrados de cosas para comprar (bendito sea el "consumismo"), mientras que, en los regímenes dictatoriales de izquierda, la mayor preocupación de la gente es sencillamente qué poder comprar con el poco dinero que les dan. Por eso en los regímenes de izquierda, al no tener las personas las mismas diversas maneras de mejorar que hay en los países libres, deberían tener mayor incentivo a la corrupción para obtener muebles, vehículos, vivienda o suficientes alimentos, siempre y que se consigan para poderlos comprar. Lo que deseamos es dejar muy claro que en todo sistema habrá la tentación de tomar dinero indebidamente. Que la corrupción se da sobre todo en las administraciones públicas, porque no hay dolientes y abundan las oportunidades de tomar los dineros del pueblo sin que nadie se de cuenta. Lógicamente entre más empresas y oficinas burocráticas estén administradas por funcionarios públicos, más riesgo de corrupción habrá. Podría parecernos que hay más corrupción de alto nivel en los países democráticos, pero es porque en los totalitarios muy rara vez se hace pública y el pueblo no se da cuenta. No olvidemos que en las dictaduras sólo se dan a conocer aquellos actos de corrupción que el gobierno quiere que se conozcan. Y si internamente el pueblo no se da cuenta, menos pueden enterarse los que están del lado afuera.

También influye mucho en la corrupción que las personas carezcan de buena formación moral, cívica o religiosa, pero sobre todo, cuando no hay castigos severos, entonces la corrupción llega verse más como un acto de viveza que como un delito grave.

Otra falacia es asociar la corrupción política imperante a la empresa privada. La mayoría de los dólares otorgados por el Estado venezolano fueron y aún son destinados a los amigos y socios de quienes administran ese patrimonio, con frecuencia a través de asociaciones políticas ocultas. Son vulgares estafadores que hoy deberían estar presos sino fuera por esa "sociedad de cómplices" que hay en los medios de comunicación y que se hacen de la vista gorda. La legítima empresa privada lo que hace es sobrevivir ante la corrupción e inmoralidad administrativa desatada con gobiernos de izquierda casi dictatoriales y reglas de juego inciertas en lo económico. Hoy la situación es diez mil veces peor. Asociar al verdadero empresario con estos asaltantes es como culpar a los ganaderos por la vacuna que tienen que pagar a los guerrilleros para que no los secuestren.

Otra mentira es decir que el sector empresarial descapitalizó al país, sacando divisas al exterior. Como siempre, es otra distorsión del sector político de izquierda, que se lleva la porción gigante de divisas. Son delincuentes ayudados por una especie de complicidad permanente de los medios también de izquierda, que propicia el olvido, sin que haya justicia que tome cuenta efectiva de ellos. Esto lo sabe con nombres y apellidos la totalidad de la población política de izquierda. Son muchos los nuevos y modernos millonarios de izquierda, dueños de grandes empresas estratégicas (sobre todo medios de información), compradas o creadas generalmente con dineros mal habidos robados al pueblo, y ahora con gigantescas sumas de dinero de los países exportadores de petróleo que maneja la izquierda a su antojo. Por ello ahora pululan políticos de izquierda colocados como propietarios, -que NO son verdaderos empresarios- que compran con dineros mal habidos algo más del 50% de las acciones para apoderarse de muchas empresas que están dentro de sus planes estratégicos, como parte de esta ventajosa e injusta guerra que libran contra el mundo libre. Entre estos hay ''propietarios'' de Bancos y sobre todo de medios de información y opinión.

La otra realidad sobre la salida de divisas cuando no había control de cambio, es que muchos ahorros privados de pequeños y medianos ahorristas, así como de empresas grandes se iban al exterior porque miles de personas querían poner a salvo parte de su patrimonio y el futuro de sus hijos ante los desastres políticos y económicos de quienes tenían a su cargo la administración pública. Lo que hacían, -y hoy más que nunca lo quieren hacer si pudieran- es ejecutar un simple instinto de conservación ante peligros reales fomentados por los propios malos gobernantes de izquierda. Estos ahorros, además de que nunca se irían, también regresarían si se crearan las condiciones adecuadas de seguridad y confianza.

Pero no hay duda que, EL TEMOR AL CASTIGO evita la corrupción, y los regímenes totalitarios de izquierda castigan severamente. Tanto es así, que los casos graves incluyen la pena de muerte; y son delitos graves, por ejemplo, que el administrador de una fábrica de camisas tome o venda algunas para quedarse con el dinero, cosa que un país democrático, si llegare a castigarse, apenas sería con la destitución. Si los países con sistema de libre empresa adoptaran iguales castigos, todos tomarían conciencia que la corrupción es un delito grave que se castiga como es debido y entonces desaparecería.

Se nota igualmente la diferencia de este efecto del temor al castigo entre una dictadura militar de derecha y una democracia. Por ejemplo, en Venezuela, en las dictaduras de Juan Vicente Gómez y Marcos Pérez Jiménez, había muy poca corrupción y delincuencia. Podríamos decir que nada, comparándola con la época actual. Lo mismo podemos decir de otras dictaduras de derecha como la de Franco en España, Salazar en Portugal, o Pinochet en Chile, o en otras donde los castigos sean severos. Así pues, la corrupción no es consecuencia del sistema, o de privaciones, como algunos pudieran hacernos creer, sino más bien de la indiferencia y falta de castigo. Y la prueba más palpable es que la mayoría de los corruptos son funcionarios bien pagados y no saben lo que es pasar hambre o necesidades.

Naturalmente la corrupción también se da en el sector privado, pero los casos son muy aislados, debido a la vigilancia que ejercen sus propietarios. Pero la corrupción de alto nivel más estrepitosa se da en países subdesarrollados, sobre todo los ricos en petróleo, solapadamente tomados por la izquierda. La ideología que profesan con sus prácticas inmorales les lleva a robar todo lo que pueden sin cargos de conciencia, para financiar su revolución en todo el mundo. Podría decirse que Venezuela ha sido completamente saqueada por la izquierda, sobre todo en los gobiernos de Luis Herrera Campins y Hugo Chávez Frías. Recordemos que los izquierdistas están en todos los partidos, en los medios de información y opinión y en los organismos internacionales. Y son pocos los que se identifican como tales.

161

EL VERDADERO CULPABLE DE NUESTROS MALES

Parece insólito que a estas alturas del siglo veintiuno, cuando ya el mundo debería tener solucionados casi todos sus problemas económicos y sociales, todavía haya crisis, terrorismo sin sentido y muchas necesidades. Por ejemplo: Venezuela, que ha tenido las mayores entradas de divisas del mundo proporcionalmente a sus habitantes, debería ser un país con el mayor bienestar, una moneda muy sólida, tener inmensas reservas y ninguna deuda por supuesto. Fue en el gobierno derechista de Pérez Jiménez donde todos vimos el progreso y grandes obras, y para mayor mérito vendiendo el petróleo a menos de 2 $ el barril. Pero con los posteriores gobernantes de izquierda, no obstante y recibir inmensas cantidades de dólares como consecuencia de los altos precios que llegó a alcanzar el petróleo, el país retrocedió, y el dinero desapareció, robado, mal administrado y para colmo al país lo endeudaron escandalosamente. ¿Y cuáles fueron las políticas que caracterizaron a estos gobiernos? Nos referiremos a algunas:

a) Financiar a los partidos políticos.

b) Tolerar o pedir comisiones de las obras y servicios contratados por funcionarios del gobierno, por lo cual estos se convertían en los primeros corruptos y corruptores.

c) Instituir una burocracia consumidora de alimentos y bienes, pero incapaz de producirlos.

d) Falta de castigo y debilidad sistemática para con los delincuentes, justificando a éstos como víctimas de un "sistema injusto", lo que trajo como consecuencia su proliferación, la inseguridad en todas partes y el desperdicio de grandes recursos materiales y humanos en vigilancia y protecciones.

e) Inexistencia de medidas tendientes a frenar la inmoralidad y a elevar el comportamiento cívico de la gente, causa del deterioro moral y el desmoronamiento de la familia y la sociedad.

f) Intervencionismo en la economía, incluyendo la suspensión de las garantías económicas durante mucho tiempo y obstáculos al libre mercado, con el inevitable freno a la producción, además de profundo malestar y falta de entusiasmo en la colectividad, factor indispensable para el progreso de un país.

g) Nacionalización de empresas, lo que hizo huir a los inversionistas extranjeros, generadores de riqueza, tecnología y bienestar.

h) Implementación de leyes y reglamentos laborales pésimos, que en vez de incentivar a producir y a trabajar, incitan al mal comportamiento, a la flojera, a la irresponsabilidad en el trabajo y a los enfrentamientos con los patronos.

i) Proteccionismo ciego e indebido a las industrias instaladas en el país, creando monopolios de fabricantes y de importadores protegidos por los gobiernos, y obligando al pueblo a comprar a precios mucho más altos de lo normal.

j) Promover y tolerar las invasiones de terrenos rurales y urbanos, que además de violar el derecho de propiedad, incitan al desorden y al desaliento, sobre todo a los productores agrícolas y pecuarios, causando improductividad, escasez, encarecimiento de los alimentos y desestímulo a la inversión.

k) Devaluaciones constantes de la moneda, las cuales van empobreciendo a todos al ganar menos dólares mensuales, y quedarle más al gobierno para robárselos, llevárselos e invertirlos en la ''revolución''.

Si reflexionamos sobre todas estas políticas, y tomando en cuenta que fueron promovidas por personas con ideas populistas o marxistas, llegamos a la conclusión de que la culpa de nuestros males y nuestro atraso tanto en Venezuela como en muchos otros países, es del virus de izquierda que los enfermó.

Además, todos sabemos del inmenso papel protagónico que jugaron y aún desempeñan los izquierdistas en todas partes, desde el derrocamiento de las dictaduras militares de derecha, hasta el dominio que ejercen en universidades, en el Congreso y en los medios de información y opinión. Dan a entender que se preocupan por los problemas sociales pero realmente lo que hacen es agravarlos y multiplicarlos. A todo lo anteriormente señalado se suman los daños ocasionados directamente por la guerrilla y el terrorismo, la forma más virulenta de atacar la izquierda, causando daños materiales y humanos irreparables en todo el mundo, además de inseguridad, desconfianza y parálisis económica en quienes crean la prosperidad y el bienestar, ya que al ver amenazadas sus vidas y propiedades, trabajan con desgano, o se van del país. En vez de imitar a los países que conseguían el desarrollo y el bienestar, copiaban de las fracasadas dictaduras de izquierda, que además de mantener al pueblo sometido, se mantenían de los países libres. El daño ha sido y sigue siendo enorme. Son los culpables de nuestros males. Y aún siguen confundiendo a muchos jóvenes estudiantes. No les enseñan las cosas buenas del sistema de libre empresa, y de como lleva bienestar y prosperidad a su gente. Lo muestran como un sistema injusto, para que luego estos muchachos creyendo saber el secreto de nuestros males, dediquen todo su tiempo a entorpecer y a introducir cambios incompatibles con el sistema de libre empresa, ocasionando más pobreza.

BENEFICIOS SOCIALES

En política las buenas intenciones carecen de mérito, pues se supone que todo político las debería de tener. O por lo menos eso piensan quienes creen en ellos. Pero estas "buenas intenciones", cuando se ignoran cosas elementales, podrían servir solo para empeorar las cosas. Por ejemplo: algunos políticos de países subdesarrollados, quieren hasta superar a los desarrollados en lo referente a beneficios sociales. Olvidan que el progreso en estos países sólo fue posible cuando cada persona o grupo familiar trató de satisfacer sus propias necesidades. Posteriormente fueron naciendo los beneficios sociales. Obviamente, éstos son algunas de las metas de un buen gobierno. En algunos países desarrollados se ha logrado mucho en este campo. Pero la experiencia y la lógica nos enseña que los beneficios sociales sólo deben implementarse luego que los países alcanzan un alto grado de desarrollo y cuentan ya con suficientes recursos fruto de su propio esfuerzo.

En algunos países, muchos no están de acuerdo con algunos beneficios por considerarlos injustos o innecesarios, y porque su costo lo pagan con más impuestos y el consiguiente daño a la economía. Es el caso de los beneficios a los cesantes, cuando es mucho el periodo de tiempo que les pagan. Los contribuyentes se quejan de que no sólo deben mantener a los desempleados, sino también a los que no les gusta trabajar. También se quejan de que les quiten dinero en impuestos para darle educación a quienes muy bien pudieran pagar sus estudios, o a aquellos que por su gratuidad no los valoran ni los aprovechan como debe ser. O de que les quiten para sostener a quienes se jubilan estando en la etapa más productiva de la vida, como es el caso de oficiales de las Fuerzas Armadas en algunos países, a quienes obligan a jubilarse aún jóvenes, con el máximo de conocimientos y el deseo de seguir activos. El daño es doble: estratégico por el retiro de valiosos oficiales, y económicos pues son reemplazados y deben seguirles remunerando. Igual sucede con maestros y profesores universitarios, pues los jubilan cuando más conocimientos y experiencia tienen para enseñar, sin tomar en cuenta la edad, las condiciones físicas y mentales y el deseo de seguir activos. Naturalmente esto es más contraproducente en países en vías de desarrollo. Y aunque algunos países no tienen problemas para costear estos despilfarros por el chorro de dólares que reciben de las ventas de petróleo, los que no tienen estas fuertes entradas de divisas, deben aumentar los impuestos o implementar otros nuevos que reducen la capacidad de ahorro e inversión. Entonces es doble el mal: a quienes les quitan les dificultan invertir y progresar, y a quienes reciben se les acostumbra mal, con lo cual, si hay mala situación, la prolongan o empeoran, pues estos beneficios son improductivos.

Debemos tratar primero de conseguir el desarrollo para tener más y mejores empresas y contar con mayor número de contribuyentes y más dinero para financiar los beneficios sociales. Debemos tomar en cuenta las experiencias de los países que en relativamente poco tiempo se desarrollaron: que eran pobres y hoy son ricos. Aunque algunos los ven como si siempre hubieran sido desarrollados, parecen ignorar que también fueron países pobres, y que gracias al esfuerzo de todos progresaron y se hicieron grandes.

Muchos países del tercer mundo también pudieran ser desarrollados, pues sus empresarios nada tienen que envidiar a los demás. El problema está en la inmadurez de los gobernantes de izquierda, que ven y tratan a las personas que progresan como enemigos del pueblo, incluyendo a los empresarios extranjeros.

Otro mito de los creadores de pobreza, es que, supuestamente con el liberalismo económico, los únicos que se sacrifican son los pobres. ¡Con que facilidad se tergiversan las cosas después que algunos ya viven mejor que otros! Como si los ricos de hoy no fueran precisamente los pobres de ayer que ahorraron y se esforzaron. Lamentablemente el desarrollo no se hace por decretos, ni mucho menos robándose los recursos para financiar revoluciones o ideologías fracasadas, ni quitando el dinero con impuestos a quienes desean crecer y progresar para despilfarrarlos en burocracia o en limosnas, que lo único que hacen es prolongar y empeorar la situación, error común de quienes carecen de experiencia y no saben lo que significa crear riqueza y producir. Desafortunadamente no se puede obviar el período de mucho trabajo, disciplina y sacrificio por los que debe pasar un país para alcanzar el bienestar general. Tanto la libertad como los recursos financieros que la gente logra conseguir son indispensables para crecer. Por ello, mientras más le quite un gobierno a los que producen, más difícil se hará alcanzar el desarrollo, el bienestar y la productividad que todos desean.

LOS DAÑOS DEL PROTECCIONISMO

Si en estos momentos nos observaran los habitantes de un mundo extra terrestre, más desarrollado que el nuestro, o más cuerdo, o más sensato, ¿qué opinión tendrían de nosotros como seres organizados e inteligentes? Lo más probable es que nos tengan en muy mal concepto, que nos juzguen como los seres más egoístas del universo, y que ésta sea la causa de que nos matemos y aislemos económicamente los unos de los otros. Estamos divididos en más de 180 países. Casi todos desean ser autosuficientes. Quieren producir todo lo que necesitan como si los otros fueran a dejar de existir. Todos quieren que les compren lo que producen, pero a la vez no desean comprar lo que producen los demás. Esto nos lleva al proteccionismo, que trae como consecuencia que todos a nivel internacional salgamos perjudicados.

Supongamos que el mundo se redujera en estos momentos exclusivamente a Venezuela. Que no existieran los demás países. Y que fuéramos completamente autosuficientes, o sea, que entre todos los Estados produjéramos todo lo que usamos y consumimos: el Estado Zulia es un gran productor de petróleo, leche, carne, plátanos, etc., que le vende a otros estados que producen nada o muy poco de estos rubros; pero en cambio le compra a otros estados muchas cosas que este Estado muy poco o nada produce, como vehículos, repuestos, telas, herramientas, etc., que producen los Estados Aragua o Carabobo, que se caracterizan por tener una gran producción industrial, o como el café, papas y zanahorias, que traemos generalmente de los estados andinos, o los cereales como el arroz, sorgo o maíz que traemos de los Estados Portuguesa, Guárico o Barinas. El Estado Bolívar se caracteriza por tener una gran producción mineral o productos manufacturados del hierro y aluminio, que le vende a los demás estados y a su vez se aprovisiona de éstos de las cosas que no produce y que necesita. Y así, todos los estados se ayudan unos a otros proveyéndose de todo lo necesario. Estos intercambios, además de que nos favorecen cubriendo las necesidades individuales de cada Estado, también nos benefician en los precios y en la calidad; porque así como los Zulianos tenemos excelentes zonas para el cultivo del plátano y nos es más económico producirlo, así mismo las demás regiones están en condiciones de producir otras cosas en forma más eficiente y económica, en donde influyen muchos factores como son: las condiciones climáticas, topográficas, costo y eficiencia de la mano de obra, o situaciones estratégicas favorables, como estar cerca de explotaciones mineras u otros sitios productores de materias primas: una fábrica de láminas de aluminio que tenga cerca su fuente de suministro debe producir a precios más económicos que otra que esté situada a 1000 Km. de distancia por el costo del transporte. Una empacadora de sardinas si está cerca de los sitios de pesca debe producir más económico que otra que no lo esté; de igual manera, el consumidor podrá comprar los productos terminados a mejor precio cerca de los centros de producción que en otros sitios donde deba pagar transporte. Igualmente, un estado con clima y condiciones propicias para la producción de papas, caraotas (frijoles negros) o trigo, producirá en forma más económica que otros que no las tengan, pero éstos tal vez cultivarán la caña de azúcar o el arroz más económico si reúnen las condiciones óptimas para estos cultivos, y así sucesivamente cada región tiene sus pros y sus contras para la infinidad de productos que van al mercado, que nos son indispensables, pero que muchas veces es preferible intercambiarlos que ponernos a juro a tratar de producirlos. Por ejemplo: ¿Por qué tendríamos que empeñarnos en producir peras y manzanas si bien podríamos intercambiarlas por mangos o nísperos, que nos es más fácil y económico producirlos?

Mientras cada región y sus ciudadanos sean libres para fabricar, producir e intercambiar lo que ellos crean conveniente, sin subsidios ni proteccionismos de ninguna especie, se estimulará, para beneficio de todos, la producción de aquellos bienes: a) los que no existan o escaseen en el mercado, b) los que puedan competir en la zona o fuera de ella a precios más económicos, c) los que posean una calidad superior a los existentes, y d) los que tengan por lo menos el mismo precio y calidad. Y esto es obvio por que nadie se arriesgaría a producir algo si no puede competir con lo que ya se vende. Así se forman sanas competencias entre estados productores donde entran en juego los factores antes mencionados, así como la tecnología, experiencia, organización y la motivación de los trabajadores. De existir un estado o región, que por sus condiciones no se preste para diversificar o ampliar la producción en forma competitiva, habrá un sobrante o disponibilidad de mano de obra que emigrará a aquellos Estados o regiones donde estén necesitando de ella.

Mientras el país marche como un todo, como lo ha sido hasta ahora, sin egoísmos entre Estados, todos nos beneficiamos de los precios mínimos a que nos puedan vender los productores nacionales; nosotros en el Zulia nos beneficiamos de la producción de los estados industriales; éstos se benefician de nuestro petróleo y nuestra producción agrícola y pecuaria, y así sucesivamente, unos venden a otros lo que producen, y compran lo que les hace falta, sin aranceles ni prohibiciones por parte de los gobiernos estatales, en un libre comercio y en una sana competencia de precios y calidad.

Pero supongamos que los gobernantes de un Estado se encaprichen en producir todo lo que compran a los demás, o bien que no desean que el dinero o circulante se le fugue a otros estados. Las formas de lograrlo son: a) Subsidiar a los productores locales que tengan costos más altos para que puedan vendernos a los mismos o mejores precios que nos venden los productores foráneos; esto significa precios artificiales y carga fiscal para los contribuyentes que se hará insoportable a medida que pasa el tiempo y que traumatizan al consumidor. b) Prohibir las compras de las cosas menos necesarias o limitar las compras externas; esto causará recesión en los Estados que la producen y deterioro en el nivel de vida de quienes compran, y provocará escasez y encarecimiento, no solo de lo que dejan de traer, sino también de todos los productos relacionados con ellos, y c) Lo más usual, aplicar altos impuestos a los artículos que no se producen en la región para proteger a los productores locales o a los cultivos que se quiera desarrollar; esto también automáticamente provocará escasez, hará subir los precios al consumidor y bajará la calidad de muchos productos que no tendrán la competencia exterior. Cuando un Estado dé inicio al proteccionismo para hacerse autosuficiente, los otros al verse perjudicados le imitarán: el Estado Zulia aplicará altos impuestos a los vehículos y demás cosas que trae de afuera para que se incentive localmente su producción y evitar la fuga de divisas; el Estado Bolívar por consiguiente; los estados industriales podrían aplicar altos impuestos al combustible y a los productos agropecuarios que traen de afuera buscando que se incentive localmente su producción. Con los aumentos del combustible también subirá el transporte y todos se afectarán, subirán los vehículos, la maquinaria agrícola e industrial, los repuestos y artefactos eléctricos, los agricultores se verán obligados a subir los precios de los productos, y con ellos subirán también los subproductos y derivados, y es posible que hasta algunos agricultores que se estaban modernizando vuelvan a los bueyes y a los caballos por la imposibilidad de adquirir los costosos equipos y el combustible. Y así sucesivamente, cada Estado tratará de proteger lo suyo, aplicando medidas proteccionistas que van en perjuicio de todo el mundo y donde todos sin excepción saldríamos perjudicados. Si a esto le sumamos la monopolización de la producción, para el incremento de los precios de productos como el petróleo, estilo OPEP, empeorará la situación al punto que llegaremos a estados inflacionarios, de recesión y desempleo a nivel regional, al igual que los daños ocasionados por este monopolio a muchos países a nivel mundial.

Lo increíble es que esto sucede actualmente, la diferencia es la escala, que en vez de ser a nivel de Estados o regiones, sucede a nivel de países, más grave aún por sus alcances, lo que pone al mundo en crisis. No sería extraño que más adelante, de seguir el egoísmo o proteccionismo entre países, se extienda a nivel de Estados, Distritos o Municipios, para caer aún más bajo en este retroceso histórico, en donde la humanidad en vez de beneficiarse de la abundancia y de los precios bajos que genera la libre competencia, la eficiencia y la tecnología, se perjudica del proteccionismo o de los monopolios que traen ineficiencia, atraso, escasez y encarecimiento. Lo ideal, lo correcto, lo lógico, es mirar al mundo como un todo, como hermanos que somos; que cada país, Estado o persona tenga completa libertad para producir lo que pueda o quiera sin proteccionismos ni monopolios de ninguna especie, para que así lo puedan introducir en el mercado local o internacional en forma competitiva y todos nos podamos beneficiar de los precios bajos y de la calidad y abundancia que genera la eficiencia y la libre competencia.

LA FALTA DE CASTIGO

Existen conductas humanas con resultados paradójicos: padres y madres que desean lo mejor para sus hijos, los quieren como nadie, les complacen en todo para ganarse su cariño, no les asignan trabajos porque sería una explotación, no les castigan las cosas mal hechas para no enfrentarse a ellos o por temor a que les tomen rabia o mala voluntad, y hasta les justifican sus malas acciones y los defienden ante los demás. ¿Y cuáles son los resultados? Generalmente cosechan todo lo contrario de lo que esperaban de sus hijos. Incluso hasta podrían resultar una carga y un grave problema para sus propios padres: no les respetan, les gritan, y llegan al colmo hasta de pegarles. Incluso muchas de estas personas malcriadas que llegan a comprender la causa de sus problemas, les han recriminado a sus padres el que no les criaran como debían.

En cambio, aquellos padres que basan la educación de sus hijos en las experiencias de los demás, y que también quieren mucho a sus hijos, actúan casi completamente al revés: les complacen sólo cuando lo creen conveniente, a pesar de que se quejan, les enseñan y les hacen trabajar, les obligan a ser ordenados y disciplinados, les castigan por sus malos actos, y no les justifican las cosas mal hechas. El resultado también es paradójico: una relación de padres e hijos exitosa y feliz. Estos hijos quieren más a sus padres y les agradecen toda la vida el haberlos criado en un ambiente de orden, obediencia, trabajo y disciplina.

Igual sucede al gobernar un país. Y es que el país es una gran familia. Las personas que tienen la responsabilidad de dirigir, legislar o influir de alguna manera en la forma de educar, disciplinar y tratar a sus ciudadanos, son como padres o representantes de esta gran familia, y cuando fallan, cuando todo o casi todo lo hacen al revés, fracasa la gran familia, fracasa todo el país.

Es lo que ha sucedido en Venezuela y en muchos otros países. Los gobernantes lo hacen todo al revés: quieren ser complacientes con todo el mundo, se legisla para que las personas trabajen menos, exijan y reciban más; se olvidan de la moral y las buenas costumbres, no se preocupan por la disciplina ni por una buena y exigente educación; justifican la delincuencia y el irrespeto a la propiedad privada a nombre de la marginalidad, y para colmo, el delito y el desorden muy poco se castigan.

Otra sería la situación en Venezuela y otros países con respecto a la delincuencia y la inseguridad personal si hubieran tomado en cuenta los pensamientos de nuestro Libertador Simón Bolívar. He aquí algunos: *"..... La salud de una República depende de la moral que por la educación adquieren los ciudadanos en su infancia."* *"La enseñanza de las buenas costumbres o hábitos sociales es tan esencial como la instrucción...."* *"La impunidad de los delitos hace que éstos se cometan con más frecuencia: al fin llega el caso en que el castigo no basta para reprimirlos."*

Solamente en Caracas en un fin de semana, llegan a morir hasta más de cincuenta personas a manos de los delincuentes. La mayoría personas decentes, trabajadoras y que no cometieron delitos. Más de cinco mil personas mueren todos los años en Venezuela sentenciadas y ejecutadas por los delincuentes. Y sin contar las que quedan gravemente heridas o lisiadas, además de las violadas y psicológicamente traumatizadas. Por lo visto el hombre de bien, el trabajador, el honesto, no tiene derecho a la vida ni a vivir en paz. En cualquier momento los delincuentes les sentencian a muerte y disponen de sus vidas como si tal cosa, y esto hasta pasa desapercibido. Miles de personas honestas son condenadas y ejecutadas todos los años por los delincuentes. Y nadie se acuerda de sus derechos humanos. A esto hay que sumarle las que quedan lisiadas para toda la vida y las mentalmente perturbadas. Y las que quedan arruinadas o pasando necesidades porque sus únicos bienes se los arrebataron los delincuentes. Sin embargo para estos criminales, secuestradores, y demás delincuentes si existe el derecho a la vida y todos los demás derechos. Y hay quien se atreva a proponer la pena de muerte. Cuántos acusadores a nombre de la justicia.....

En algunos países los hombres de bien cuentan con leyes severas y castigos disuasivos que les protegen de ladrones y criminales. En otros en cambio, sólo tienen derechos humanos los delincuentes que cuentan además con otras leyes para ponerlos en libertad. En estos países, las personas honestas y trabajadoras no tienen derechos humanos. No sólo les quitan la vida, también les secuestran, privándoles de libertad y hasta de sus ahorros de toda la vida. Y nadie sale a defender los derechos que supuestamente todos tienen de vivir y trabajar en paz. Y apenas sale una autoridad diligente dispuesta a enfrentar a los delincuentes, inmediatamente, como por arte de magia, aparecen los defensores de los delincuentes, pero sólo en países donde los medios de producción están en manos privadas.

PENA DE MUERTE ¿QUIÉNES LA APLICAN?

Debemos estar claros: en todos los países del mundo existe la pena de muerte. La diferencia es que en algunos los únicos que la aplican son los delincuentes; incluyendo naturalmente a los terroristas. Y lo más grave de todo, en contra de personas honestas y sin distingos de sexo ni edad, pues igual pueden ser mujeres, ancianos o niños, y para colmo, la mayoría de las veces impunemente. Pero en cambio, en estos mismos países las personas decentes, honradas y trabajadoras no pueden condenar a estos depravados criminales causantes de tantas muertes y tanto daño físico, psíquico y moral, aún a sabiendas que en un año si acaso morirían ejecutados media docena de criminales, pero DEJARÍAN DE MORIR MILES DE PERSONAS INOCENTES. Porque debemos recordar que la pena de muerte no se aplica por crueldad, sino para disuadir; por eso en los países donde se aplica, relativamente son muy pocos los delitos.

Y es que todos los actos del ser humano, hasta los religiosos, se basan en el premio y el castigo. Si uno anda por el buen camino será recompensado, y si por el contrario anda por el mal camino, será castigado. Las religiones cristianas nos enseñan que si morimos en pecado lo pagamos con el fuego eterno. ¿Podría haber acaso un castigo más severo? Nos condenan a sufrir eternamente las llamas del infierno. La sociedad también necesita de castigos severos que se respeten. Incluso, si lo analizamos desde el punto de vista religioso o espiritual, cuando la sociedad condena a muerte a un delincuente, le hace un gran favor, pues le da la oportunidad de arrepentirse y salvarse de las llamas eternas del infierno. Oportunidad que lamentablemente no tienen las personas honestas cuando son condenadas y ejecutadas por los delincuentes. Tampoco es contradictorio al mandamiento: No mataras, pues con ello evitan, precisamente, su violación. No es lo mismo que de vez en cuando muera un delincuente ajusticiado por la Ley, que las miles de veces que es profanado este mandamiento por delincuentes que matan todo el año y cuantas veces les da la gana a personas inocentes, honestas, trabajadoras y en grupo o individualmente.

Y, ¿hasta donde llegaría el comportamiento de la gente si no existieran el premio y el castigo?

Sin embargo, siempre existirán quienes se opongan a los castigos severos, pero el castigo es necesario, porque como bien lo decía Bolívar hace dos siglos: *"....siempre el ladrón tiene miedo de la justicia."*

Y si hablamos de crueldad, ¿qué lo será más, la pena de muerte, o cadena perpetua, siempre y que se cumpla?

Pero en lo que no tenemos la menor duda es que, es menos arriesgado para la comunidad que el delincuente se encuentre incinerado o enterrado, a que esté vivo y encerrado. Pues mientras esté vivo se corre el riesgo de que se escape, o que lo liberen injustamente y siga matando personas inocentes. Además los contribuyentes no tendrían que alimentarlo y mantenerlo indefinidamente a costa de su trabajo y de su bolsillo. Y si hacemos una encuesta, podremos darnos cuenta que la mayoría de las personas está de acuerdo con castigos más severos para los delincuentes, incluyendo para algunos casos la pena de muerte. Y si democracia es hacer la voluntad del pueblo, y ésta incluye castigos más severos a los delincuentes. Entonces, ¿por qué no cumplen su voluntad? ¿O será que realmente no hay democracia? ¿Y por qué los medios de información solamente critican la pena de muerte en los países capitalistas? ¿Por qué no critican la que hay en todas las dictaduras de izquierda?

Es una gran injusticia que en algunos países el castigo sólo sea para las personas honestas que tratan de sobrevivir en un ambiente lleno de peligrosidad, corrupción e inmoralidad. Hasta los cuerpos policiales encargados de guardar el orden y la seguridad ciudadana se encuentran en gran parte corrompidos, resultado de la misma falta de castigo, pues, se cosecha lo que se siembra.

Veamos un ejemplo: un oficial honesto detiene a un delincuente, este le ofrece dinero para que lo deje en libertad, el oficial no acepta el soborno y lo entrega a la justicia. Sin embargo, a los pocos días se entera que el delincuente está en la calle en libertad. Al igual que cualquiera de nosotros de estar en su lugar, el oficial se preguntará: ¿De qué sirvió mi esfuerzo, mi honradez y el riesgo que corrí? ¿De qué sirvió, sino para ganarme un enemigo? ¿No habría sido mejor aceptar el dinero al delincuente? Al fin y al cabo ya anda suelto, y yo tendría dinero en vez de un enemigo. Como bien podemos apreciar, el policía cumplió con su deber arrestando y entregando al delincuente, pero fue un esfuerzo vano. ¿Quién fue realmente el castigado? ¿Acaso no lo fue el agente de policía que ahora tiene un enemigo? ¿Quién no se desmoraliza y corrompe cuando no hay castigo para el malo, pero en cambio sí lo hay para el bueno? Y no se trata de casos esporádicos, esto sucede en muchos países. Ya hace 200 años Bolívar nos decía: *"La corrupción de los pueblos nace de la indulgencia de los tribunales y de la impunidad de los delitos. Mirad que sin fuerza no hay virtud, y sin virtud perece la república".*

El delito prolifera, cuando a falta de castigo se convierte en la manera más fácil y rápida de conseguir dinero, o de conseguir poder. Y más sabiendo que los cuerpos policiales, por los mismos motivos, explotan el mismo negocio.

La delincuencia no es consecuencia de la pobreza como algunos la justifican. Por ejemplo, todos sabemos de las muchas carencias y necesidades que pasan las personas en las dictaduras de izquierda como la de Fidel en Cuba. De acuerdo con ésta hipótesis, la delincuencia debía haber proliferado, sin embargo no fue así, porque hay mano dura para los delincuentes. Igual pudimos observar en dictaduras militares como la de Franco en España, Pérez Jiménez en Venezuela, o Pinochet en Chile. Y a pesar de la prosperidad que experimentaron estos países durante estas dictaduras, al llegar la ''democracia'' volvió a proliferar la delincuencia como consecuencia de la falta de autoridad y castigo. Existen países donde al que roba le cortan la mano; sin embargo, nadie ve un mocho (manco) por la calle. Sencillamente no roban.

La delincuencia tampoco es falta de presupuesto, de policías, o de equipos. El gran problema es la impunidad y falta de castigos severos que se respeten. Y esto no le cuesta un centavo a los contribuyentes; todo lo contrario, les ahorra mucho dinero porque no necesitan de tantas cárceles, ni de tanto equipo, ni de tantos policías. Bien lo decía Bolívar: *"La clemencia con el criminal es un ataque a la virtud".*

Hace algunos años en China comunista había más pobreza. ¿Y acaso por ello proliferó la delincuencia y la corrupción? De vez en cuando nos enteramos por la prensa de algunos casos de delincuencia y corrupción en China: "Ahorcados tres sujetos que asaltaron un transporte de valores". "Ejecutado funcionario corrupto en tal provincia de China."

¿Cómo podría proliferar el delito con tan ejemplares y disuasivos castigos? ¿Y acaso no están en lo correcto? ¿Acaso no es preferible que sea la sociedad quien elimine de vez en cuando a un depravado delincuente, a que sean los delincuentes quienes impongan la pena de muerte a cuantas personas se les antoje los trescientos sesenta y cinco días del año?

Si algo positivo han tenido las dictaduras de izquierda, y que desde hace tiempo debieran haber imitado los demócratas, es los castigos severos para los corruptos y delincuentes. Paradójicamente, en los países libres, cada vez que la comunidad preocupada por la grave situación de inseguridad, propone reformar las leyes para imponer castigos más severos que incluyan pena de muerte, los primeros que se oponen son los izquierdistas. Si señor. Como bien decía Bolívar: *"Siempre el ladrón tiene miedo de la justicia."* Inmediatamente salen los izquierdistas desde sus respectivos e influyentes puestos de combate a oponerse a las reformas. Poco les importa que el noventa y nueve por ciento de las personas pidan a gritos reformar las Leyes. Siempre tienen a la mano algún estúpido argumento. Ejemplos: "quien hable de pena de muerte no conoce la Constitución". Pero por Dios, si se trata precisamente de reformarla, y para eso es la democracia, para hacer la voluntad del soberano. Y para eso existen los referéndum. Otro argumento: "que en tal ciudad de los Estados Unidos la pena de muerte no impidió que una madre matara a sus hijos." Por Dios, ¿cómo pueden poner estos desquiciados ejemplos? ¿Acaso lo natural no es precisamente que las madres ofrenden sus vidas a cambio de la de sus hijos? Otro argumento: "primero hay que combatir la pobreza''. ¿Y no es precisamente la delincuencia una de las principales causas de miseria y de pobreza? ¿Cómo podría progresar un país, única forma de erradicar la pobreza, en un insostenible ambiente de crímenes, atracos, secuestros, desorden y corrupción? Estas singulares personas que impiden en las democracias el castigo a los delincuentes y atacan a quienes proponen sanciones que se respeten, son precisamente los grandes culpables del delito, de las muertes de inocentes, de la corrupción generalizada y de la inseguridad personal.

Ya al final de la dictadura de Pérez Jiménez, disfrutaban los venezolanos de prosperidad: Pleno empleo, asistencia médica y medicinas gratuitas en los hospitales, educación ilimitada y de calidad e igualmente gratuita, buenas vías de comunicación, erradicación de ranchos (casuchas) y acomodo y vivienda en cómodos apartamentos, seguridad personal, y poca delincuencia. ¿Y acaso esta bonanza impidió la proliferación del delito como consecuencia de la impunidad o falta de castigo que siguió con la llegada de la "democracia" y de los enemigos de la propiedad privada?

DICTADURAS

Nuestro propósito no es recomendar las dictaduras. La democracia es el mejor sistema de gobierno. Es el único capaz de perfeccionarse a sí mismo, desde las bases hacia arriba. Pero sí podemos aprender de muchas dictaduras, de sus experiencias.

Podemos dividir las dictaduras en cuatro categorías: Las férreas de izquierda donde todo lo controla y es propiedad del partido (como la de Cuba). Las militares partidarias de la propiedad privada, de la libre empresa y libre mercado. Las militares de izquierda, intervencionistas y nacionalistas y con fobia a los Estados Unidos. Y ahora las modernas de izquierda que permiten el libre mercado, la libre empresa y "respetan" la propiedad privada (como la de China). Nada tiene de extraño que estas últimas puedan ser los futuros gobiernos del planeta. No por ser mejores, sino por el acaparamiento informático, económico y político.

El mito de que los países sólo progresan en democracia está dejando de ser, no solamente por los resultados observados actualmente en China, donde supuestamente respetan la propiedad privada y el libre mercado, sino por los progresos observados con anterioridad en dictaduras anticomunistas como la de Pérez Jiménez en Venezuela, o la de Francisco Franco en España, y de las cuales los medios de información y opinión nunca llegaron a darle relevancia.

Al hablar de dictaduras, algunos generalizan, como si todas fueran iguales. Otros, por sus creencias políticas, se olvidan de criticar a las más tiranas. Nos referiremos a los tipos de dictaduras con los cuales estamos más familiarizados. A sus pronunciadas diferencias tanto en el plano económico como en las libertades que permiten a sus ciudadanos, y a las que generan más progreso y bienestar.

Las más importantes, tanto por su poderío militar como por su expansionismo mundial, las dieron en llamar dictaduras del proletariado. Realmente, era la única forma de imponer estos regímenes de naturaleza tan radical, caracterizados porque todos sus actos los hacen a nombre del pueblo, quizás para que éste tolerara el gran sacrificio humano que se les imponía, mientras esperaban un bienestar general que a la larga generarían. Sin embargo, luego de muchas décadas de terror y del mayor sacrificio humano que pueblo alguno tuvo que soportar, el bienestar no llegó por ninguna parte, y aquella igualdad que pregonaban de abundancia y felicidad, era realmente igualdad, pero de pobreza, atraso, escasez, tristeza y desesperanza. Hasta que decidieron cambiar, y olvidando las fracasadas teorías marxistas, abrieron las puertas a la iniciativa privada y al capital extranjero, suprimieron los controles de precios e introdujeron incentivos a la productividad al igual que los capitalistas. Hoy la China Continental progresa aceleradamente, aunque siga siendo una dictadura.

Por otro lado tenemos las dictaduras militares anticomunistas, muy escasas por cierto, que son respetuosas de la propiedad privada, conservadoras en su política de libertad económica y dejan funcionar el libre mercado. Estas dictaduras, a pesar de su corta duración, progresan rápidamente, dan mayores libertades, y donde los que más se quejan son los enemigos de la propiedad privada. Ejemplos: la de Francisco Franco en España, la de Pérez Jiménez en Venezuela y la de Pinochét en Chile.

En tercer lugar tenemos las dictaduras militares caracterizadas por ser nacionalistas, populistas, intervencionistas y antiyanquis. Que nacionalizan bancos y empresas extranjeras y propician y permiten las invasiones de terrenos y el irrespeto la propiedad privada. Estas dictaduras siembran mucha confusión y desconfianza y son todo un fracaso.

Podemos afirmar que las dictaduras, por el simple hecho de serlo, nada tienen que ver con el fracaso o el éxito económico. Que el éxito o fracaso depende, sobre todo, de las políticas económicas que adopten. Igual podemos decir de las democracias, que por el sólo hecho de serlo no garantizan el éxito económico de un país. Esto lo pudimos constatar muy bien los venezolanos, e igual dependen de la confianza que generen y de las políticas económicas que adopten.

En cuanto a las libertades que les permiten a sus ciudadanos, hay más diferencias todavía: para empezar, las dictaduras de izquierda poseen los medios de información y opinión, por lo que monopolizan la información y la opinión y censuran todo lo que sale a la luz pública, tanto en la prensa escrita: diarios, revistas, etc. como en los programas de radio y televisión. Y además de censurar, criticar y calumniar a todo lo que sea capitalista, defienden y enaltecen todo lo que sea de izquierda. Muy distinto de las dictaduras militares partidarias de la libre empresa que, por no ser dueñas de los medios de información ni tener acceso a la escogencia de su personal, les es muy difícil evitar, por mucho empeño que pongan, que salgan a la luz pública noticias u opiniones desfavorables al régimen. Tampoco pueden evitar que periodistas, moderadores y comentaristas de izquierda, inclinados a favorecer sus creencias políticas, entrevisten con más frecuencia a quienes comparten sus ideales políticos, y aunque no sean enfrentamientos agudos con el gobierno, dejan en claro cierto grado de oposición a la dictadura. Naturalmente esto influye negativamente en la popularidad del régimen y en las decisiones que se tomen o dejen de tomar en perjuicio de su estabilidad y del progreso económico.

Es natural que se hable mal de las dictaduras, sobre todo públicamente. Lo malo es generalizar, ensañarse con las más benévolas, olvidar criticar a las más tiranas, o darles trato preferencial como lo hizo el gobierno de los Estados Unidos con China. Igual podemos decir del trato que dan algunos medios de información y opinión al referirse a los dictadores. Mientras a unos los tratan y llaman como lo que realmente son, a otros, incluso más tiranos, les llaman Presidentes. O mientras a unos les niegan públicamente sus logros sociales y éxitos económicos, y hasta hacen campañas para derrocarlos, a otros les esconden sus crímenes y sus fracasos sociales y económicos. Está pasando con la dictadura que actualmente hay en Venezuela, que aparenta ser una democracia pero que desde su inicio se apropió y controla todos los poderes.

Hay muchos mitos sobre las dictaduras, hasta se dice que en éstas se retrocede, que sólo se progresa en democracia. Eso es completamente falso; todo depende del tipo de dictadura. Incluso en algunas se puede progresar más rápidamente que en algunas "democracias", donde también se puede retroceder; esto lo sabemos muy bien los venezolanos. Y así como las democracias tienen defectos, también las dictaduras tienen sus aspectos positivos. Y así como existen grandes diferencias entre democracias, también las hay entre dictaduras: en el plano económico, en las libertades que les permiten a sus ciudadanos, y por supuesto en los resultados.

Sabemos de algunos cambios en dictaduras de izquierda, sobre todo en el aspecto económico: la apertura a los inversionistas extranjeros es lo más importante. Pero no fue compasión por el sufrido pueblo lo que las llevó a efectuar dichos cambios. Fue el evidente atraso científico y tecnológico así como la escasez de los más elementales bienes y alimentos. Fue también el darse cuenta que no podían seguirle mintiendo a su rebaño, y seguir culpando de sus males a los capitalistas, a menos que interfirieran o destruyeran los satélites que comandaban las comunicaciones, o que a los pocos afortunados de poseer aparatos de radio o televisión les fueran decomisados. Las circunstancias les obligaban a cambiar y adoptar métodos de producción capitalistas, e invitaron a todos los inversionistas extranjeros. Pero aún discriminan a su propia gente, a quienes sólo falta que les quiten las cadenas para ayudar a su país y contribuir con el bienestar y el desarrollo. Aún así, en poco tiempo, la apertura al libre mercado y a los inversionistas extranjeros ha dado sus frutos. China está saliendo de abajo, el nivel de vida mejora día a día y es hoy uno de los principales países exportadores del mundo. Pero sigue siendo una dictadura, lo que demuestra que quizás lo más importante para progresar, además de estabilidad política y seguridad personal, es el respeto a la propiedad privada, y libertad a las empresas y a las personas para crear, contratar, producir, comerciar y dirigir sus negocios con la menor interferencia del gobierno.

CONTROL DE NATALIDAD

Con frecuencia observamos en los medios de comunicación conmovedores reportajes realizados en sitios de extrema pobreza. El espectáculo es deprimente: viviendas miserables y penurias que relatan las madres entrevistadas con su tanda de muchachos mal nutridos y harapientos.

¿Cómo entender que mientras las personas con mayores recursos económicos planifican y tienen pocos hijos, en cambio los más pobres sean quienes tengan las familias más numerosas? Es lastimoso ver a los más necesitados tratando de levantar proles tan numerosas, a pesar de que no deseaban tener tantos hijos. Se les hace difícil evitar los embarazos por falta de orientación o de recursos. Y algunos hasta ignoran muchos de los diferentes métodos para evitarlos. ¿Cuántas familias pasan necesidades por tener tantos hijos? ¿No serían muy distintas las cosas si en vez de ocho fueran dos los niños que tuvieran que alimentar, vestir y educar? Los abandonaron a su suerte. Fueron olvidados de quienes estando en el Gobierno mucho hubieran podido hacer por ellos. Principalmente aquellos que dicen hacer todo a nombre de los pobres. Todos se hicieron de la vista gorda: políticos, planificadores sociales, periodistas, comentaristas, animadores de radio y televisión, autoridades eclesiásticas, escritores, etc. ¿Por qué éstos sí planifican su familia mientras se olvidan de orientar o ayudar a quienes más lo necesitan? ¿Cómo pueden abandonar a los más pobres a tener todos los hijos del mundo, para que luego sean las demás personas quienes directa o indirectamente deban alimentarlos, curarlos, vestirlos y educarlos? ¿Cuándo se preocuparon de orientarles para que sólo tengan los hijos que realmente desean o puedan mantener? Este mundo marginal es la carne humana de la que se nutren muchos reportajes de aquellos que aparentan desvelarse por la causa de los pobres. Es la hipocresía en su máxima expresión: por un lado les abandonan al macabro destino de traer niños al mundo por docenas a pasar hambre y necesidades, para luego explotar ideológicamente esta situación. Se nutren de ella como el vampiro de sangre para sobrevivir. ¿Se preocupan los medios de información y opinión en los países libres por ayudar a solucionar este gravísimo problema del cual se derivan casi todos los demás?

¿Se preocupan los jerarcas de las diferentes Iglesias por este gravísimo problema? ¿Acaso les importa que los niños vengan al mundo por montones, o que los tenga gente que ni los desea ni los puede mantener? ¿Alguna vez se preocuparon por recomendar u orientar a sus feligreses tan siquiera dentro de la obsoleta reglamentación de la Iglesia Católica, que sólo permite evitar los embarazos por el método del ritmo? ¿A cuáles pobres y en qué barrios les enseñaron este sistema? ¿Tan grave pecado es hacer uso de algún otro medio anticonceptivo? ¿Acaso una pareja sólo debe tener relaciones íntimas con el único fin de tener hijos? Si ello fuera así, sería pecaminoso tener relación con la esposa embarazada, o cuando no esté en días fértiles, o después de la menopausia. Con la facultad que Dios nos da para discernir y diferenciar el bien del mal, pienso que es más grave pecado cruzarse de brazos y dejar que los pobres sigan por este trágico destino de traer niños al mundo a pasar hambre y necesidades o se conviertan en delincuentes. Ya es hora de que la Iglesia se modernice en este aspecto, y la iglesia somos todos.

No es problema de distribución de niños, ni de riqueza. Nada se gana con quitarle a unos por las malas para darle a otros. Ello es una flagrante violación a los derechos humanos más elementales. El problema es de abandono, de crear conciencia, de orientar y ayudar a quienes lo necesitan. Porque éstos ni exigen, ni piensan que necesitan ayuda. Y no es tan difícil de lograr, ni tan costoso como para no financiar. Enfrentar este problema es sencillo, si lo comparamos con el de resolver los más graves y complicados problemas que se derivan de él.

El control de natalidad en una sociedad es tan indispensable, tan civilizado, tan humano, tan inteligente, como lo es la vacuna para prevenir la enfermedad. Así como existe una abismal diferencia entre el costo de una vacuna y el de la enfermedad, igual o mayor diferencia existe entre una planificación familiar voluntaria, a lo que significa para la sociedad los altísimos costos de alimentar, vestir, curar, educar o encerrar a quienes sus padres no deseaban, porque no tenían tiempo, ni los recursos para criarlos. Y lo más lamentable, que al llegar a la edad adulta les cueste conseguir un trabajo adecuado porque no se guardó una relación adecuada entre el aumento de la población y el crecimiento económico del país.

Tampoco se trata de abandonar a los niños que actualmente viven en condiciones inhumanas; esto sería como pensar en no curar al enfermo porque tuvo la desdicha de no poder vacunarse. Pero una sociedad inteligente y civilizada no puede seguir actuando en forma primitiva e irresponsable: que prefiera enfrentar la muerte, el sufrimiento o los altísimos costos de curar la enfermedad, a la prevención inteligente y económica de la vacuna, como es una planificación familiar de acuerdo al querer y a las posibilidades de la pareja. Tampoco se trata de estar de acuerdo con el aborto. Ni llegar a extremos como en China, donde existen penalidades y hasta obligan a las mujeres a abortar. No podemos más que compadecer a esta gente por lo inhumano de estos métodos, que solo pueden darse en regímenes donde el fanatismo y la ideología están por encima de las personas. Se trata de prevenir los embarazos no deseados en la misma forma que se hacen campañas para prevenir las enfermedades en todo el mundo. Se trata de ayudar a los más necesitados, de cambiarles el macabro destino de traer niños al mundo a pasar calamidades. Se trata de evitar los graves problemas que originan en la sociedad, y de revertir la situación en los países subdesarrollados. Que no existan trabajadores desempleados, que la demanda sea mayor que la oferta. Así quedarán los trabajadores en situación ventajosa frente a los patrones, que se verán obligados a pagar los más altos sueldos por la mano de obra que necesiten, sobre todo en los países libres donde todos tenemos plena libertad tanto para escoger el trabajo como el patrón que nos guste.

Pero es importante que los líderes de todos los países del mundo sepan y entiendan que la mayor parte de los nuevos nacimientos se producen en las superpobladas naciones del Tercer Mundo, mejor dicho, en aquellos países que encuentran hoy más dificultades para suministrar alimentos, agua, empleos y atención sanitaria a sus habitantes. Que la superpoblación es una causa de ruina y no un beneficio, y que el crecimiento acelerado de la población constituye un freno al desarrollo económico.

DICTADORES DEMÓCRATAS

El empeño de los izquierdistas de castigar a ex dictadores de derecha es un precedente funesto para las democracias del mundo, hoy en día tan golpeadas por el flagelo del terrorismo y las guerrillas, herramientas primarias del comunismo. Y decimos "dictadores" demócratas, porque al salvar a sus países del comunismo, salvaban la democracia de su país y la de países vecinos. Porque todo el mundo sabe que las dictaduras militares de derecha son provisionales, de corta duración, y que por propia evolución terminan otra vez en democracias. Que los militares se ven en la necesidad de imponerlas por todas esas circunstancias de anarquía, desorden y ataques a la propiedad privada que causan los enemigos de la democracia, empeñados en destruirla, y para impedir que éstos se apoderen del país e impongan una verdadera y eterna dictadura con su implacable censura, represión, miedo y terror.

Sin embargo, mientras supuestos "demócratas" decretan amnistías para "presos políticos" de izquierda, o mejor dicho, mientras sacan de la cárcel a estas personas, que no son otra cosa que atracadores, secuestradores y asesinos al servicio del comunismo internacional, por otro lado se empeñan en castigar y meter a la cárcel a quienes tuvieron coraje y la buena voluntad de salvar a sus países de los enemigos de la democracia: las dictaduras comunistas. Se empeñan en castigar a quienes, después de pacificar el país, se desprendieron del mando para permitir el regreso de la democracia, con lo cual demostraron que no tenían ambiciones de poder y que todo lo hicieron por su patria y su libertad.

Todo el mundo estará de acuerdo que se condene a los responsables del terrorismo y la guerrilla, que tantas víctimas inocentes cobra todos los días en el mundo. Bien lo decía Bolívar: *"La violencia es el arma de los que no tienen razón"*. Pero condenar a quienes devuelven la tranquilidad y la paz interna a sus países luego de salvarlos de las garras del comunismo, es algo ilógico y absurdo. Que hubo muertos y desaparecidos, tenía que haberlos, pues si no acaban con el enemigo, éste habría acabado con ellos. Y con más razón cuando se trata de comunistas que no tienen compasión con nadie, ni respetan tratados de ninguna especie.

Y afirmamos que los que se empeñan en castigar a estos militares no son demócratas, porque castigan precisamente a quienes impidieron que los comunistas acabaran con la democracia. Porque castigan, precisamente, a quienes debían condecorar. A quienes se sintieron obligados y responsabilizados con su pueblo a tomar el timón del país para que no cayera y perpetuara en manos comunistas. Porque con este precedente, lo que buscan es dejar las democracias a la deriva y sin defensa ante el totalitarismo de izquierda. Además, los dictadores de derecha que aun pudiera haber, tendrían que pensarlo dos veces antes de entregar el poder a quienes bien pudieran ser sus propios verdugos.

Este es el colmo: ver a estos gobernantes que se jactan de "demócratas", por un lado, condenando a quienes salvaron a sus países de la peor de las tiranías, y por otro lado, poniendo en libertad a guerrilleros y terroristas, a asesinos y enemigos de la democracia. Así están las cosas.

El PODER DE LOS MEDIOS

He aquí uno de los pensamientos de Bolívar que dan fe de su extraordinaria sabiduría: *"La primera de todas las fuerzas es la opinión publica".*

Cuando Bolívar escribió esta célebre frase hace doscientos años, sí era la opinión pública la que se imprimía en los medios de información que existían para aquella época, por tanto la opinión era la fuerza. Hoy las cosas han cambiado, una cosa es la opinión pública, y otra la que publican los medios de información y opinión. Hoy, en los países supuestamente democráticos, los medios de información y opinión hacen lo que les da la gana, a tal punto que son éstos quienes hacen la opinión pública. En la actualidad son los medios de "información y opinión" la primera de todas las fuerzas.

Porque en un país donde exista plena libertad de expresión, ni el Presidente de la República, ni las Cámaras del Congreso, ni el Poder Judicial, ni las Fuerzas Armadas, tienen tanto poder como los medios de información y opinión. Y con la incorporación de la radio y la televisión, tienen súper mayor fuerza y poder los medios informativos. Podríamos afirmar que en la práctica, todos los poderes que conforman un gobierno, no podrían superar el poder que tienen los medios de información y opinión.

Y es que a todos nos gusta estar bien informados, pero aquellos que tienen cargos importantes con poder de decisión (como Presidentes, Gobernadores, Alcaldes, Congresistas, Jueces, Oficiales de las Fuerzas Armadas, dirigentes políticos, ejecutivos empresariales, sindicales, autoridades eclesiásticas, etc.) estarán más pendientes e interesados en leer las noticias e informaciones que aparecen todos los días en los medios de información y opinión. Raro será el día en que comiencen sus actividades sin antes leer las informaciones y opiniones periodísticas de los principales diarios del país. Con el mismo interés, estarán pendientes de los principales noticieros de la televisión. Como simples mortales que son, necesitan saber lo que se opina, se dice, se exalta o se critica de ellos. Y de acuerdo a las críticas y comentarios de sus gestiones o actuaciones, dependerán en gran medida sus próximas decisiones. Es tal el poder de los medios que, basta destacar en la primera página de un diario la fotografía con algunos comentarios sobre el deterioro de alguna calle de la ciudad, para que inmediatamente se aboquen a repararla. Igual sucede cuando se trata de asuntos más importantes, como la aprobación o reforma de alguna Ley en el Congreso. Para bien o para mal, la influencia de los medios es decisiva para aprobar, acelerar, engavetar o negar dicho proyecto de Ley.

Lamentablemente, las corrientes y pensamientos políticos de izquierda que predominaron en los últimos ciento cincuenta años, también penetraron los medios impresos, desde propietarios, directores y columnistas, hasta el más sencillo de los periodistas. Estas tendencias caracterizadas por ser intervencionistas y anticapitalistas, llevaron el caos y significaron para muchos países un verdadero desastre, pues en vez de contribuir y ayudar a convertirlos en países decentes, ordenados, limpios, desarrollados y sin delincuencia, los hacían retroceder en todos los aspectos. Les aplicaban la filosofía de Marx, había que desmoralizar y corromper al capitalismo, había que destruir la moral, las creencias religiosas, las buenas costumbres y todos los principios que sustentaban el buen comportamiento de la gente. Los fines justificaban todos los medios por inmorales o criminales que fueran. El periodismo se caracterizaba por la búsqueda de conflictos de clases, para utilizar palabras de moda, el proletariado enfrentarlo a la burguesía. Fue un tiempo perdido donde el poder de los medios de información y opinión, en vez de contribuir al desarrollo y al bienestar de los pueblos, nos hacía retroceder. Las opiniones de destacados columnistas de izquierda confundían a todo el mundo y en especial a los políticos, que hacían todo lo contrario a las conveniencias de cada país.

Hoy se reconoce el fracaso de los regímenes de izquierda en todo el mundo. Sabemos que los países prosperan gracias a la iniciativa de las personas que las lleva a crear riquezas (para ello es indispensable plenas libertades y facilidades para surgir y crecer). Los medios de información y opinión igual progresan en la medida que lo hacen los demás. Sabemos lo que sucede en los países con regímenes totalitarios de izquierda, donde bien podría bastar con un periódico a nivel nacional. Sabiendo del enorme daño causado por el intervencionismo y la incompatibilidad de algunas políticas de izquierda puestas en práctica por supuestos "demócratas" y tomando en cuenta que los medios de información y opinión deberían ser los más fieles defensores de la libertad de expresión, de la democracia y de la libre empresa y de nuevo tomando en cuenta que en un régimen de izquierda todos los medios podrían desaparecer o pasar a manos de un partido único, el cual cercena los más sagrados derechos, vemos sin embargo cómo algunos medios, en vez de destacar y darle prioridad a las noticias y a los artículos de opinión que alientan, benefician y defienden al sistema de libre mercado y libre empresa (solo con este sistema coexisten las democracias) y relegar a todo lo que la adversa, inconcebiblemente suceda todo lo contrario: le dan relevancia o prioridad a los articulistas de izquierda, precisamente a los culpables de nuestros males, por estar siempre criticando o recomendando lo contrario a las conveniencias de nuestro sistema de libre empresa. En cambio, a las innumerables personalidades de la empresa privada y a los profesionales que la defienden, no les dan, ni la suficiente presencia en los medios, ni la importancia que verdaderamente merecen. Y llegan al colmo de no publicarles sus escritos, o de relegarles a un segundo plano, y dejarles para los días de menos circulación y en los que menos se lee el periódico o la prensa.

Estimado lector, imagínese dueño de un medio de información y opinión. Usted sabe muy bien que la finalidad de la izquierda es abolir la propiedad privada, quitarle su periódico, imponer censura de prensa, e impedirle a usted y a mí y a todos, que critiquen a la gente de izquierda, y a sus regímenes o a los próximos a instalar. ¿Daría usted prioridad en su periódico a los columnistas de izquierda y relegaría a todos los que defienden al sistema de libre empresa? Por ello, cuando lean, vean o escuchen las noticias y opiniones de cada medio informativo, saquen sus propias conclusiones y dense cuenta en manos de quien están. ¿Por qué no se preocupan por defender al único sistema que permite ejercer el periodismo con plena libertad? Ver estas incomprensivas cosas tiene que preocuparnos. Ojala quienes estén al frente de estos medios de información y opinión, puedan hacer algo para no seguir el sendero que nos lleva a perder indefinida e irremediablemente nuestra independencia y libertad.

Casi todas las noticias se pueden orientar en forma positiva o negativa, en forma constructiva o destructiva. Por ejemplo: un sujeto es muerto por la policía en momentos que cometía un robo. El buen periodista, conocedor de la realidad y de lo que necesita el país, lo diría más o menos de esta forma: *"Las fuerzas policiales a la carga contra el delito". "Muerto delincuente al enfrentarse a las fuerzas del orden".* En cambio el mal periodista lo diría más o menos así: *"En forma sospechosa un sujeto es muerto por la policía; familiares de la víctima afirman que éste era incapaz de hacer algo mal hecho, y demandarán una investigación para castigar a los responsables",* etc.

Como bien podemos observar, el primero destaca el buen trabajo cumplido por los funcionarios del orden público; esto es positivo porque estimula y anima, no solo a los cuerpos policiales, merecedores de este reconocimiento, sino también a toda la ciudadanía en general, que quiere que se frene y se castigue el delito. El segundo, por el contrario, se olvida del riesgo y el esfuerzo de estos servidores públicos, distorsiona la noticia y termina por desmoralizar a la policía.

En otra noticia, el buen periodista lo diría más o menos de esta forma: *"Gran labor de saneamiento administrativo de los encargados de tal dependencia. Los nuevos administradores Señores Fulano y Zutano, le ahorran a la comunidad más de cien millones".* En cambio, el negativo lo diría, más o menos de esta manera: *"Corrupción o malos manejos en tal dependencia. Así lo expresaron Fulano y Zutano, al referirse a la pasada administración".* En este ejemplo, observamos como los titulares, que ha veces es lo único que leemos de las noticias, son completamente diferentes: el primero nos llena de optimismo, nos predispone a trabajar y a superarnos. El segundo por el contrario, nos desanima, nos deprime, nos llena de confusión y desconfianza.

El mal periodismo es funesto para las democracias, por lo denigrante y destructivo que es, como si no existieran buenas noticias, o por arreglarlas para que parezcan malas, y por el mensaje de pesimismo que lleva a toda la comunidad. Es comprensible entonces que muchos medios de información y opinión fueran muy culpables de muchos males que tienen las democracias o países libres, dependiendo del mensaje que lleven a los ciudadanos. Amigos periodistas, defiendan al sistema democrático, que con todas sus imperfecciones, es el <u>único</u> que permite que se den a conocer todos nuestros problemas y los de los demás. Estamos todos en el deber, no sólo de defenderlo, sino también de ayudar a corregirle sus defectos. Está en juego el futuro de la humanidad, nada menos que el destino de vivir esclavizados, o vivir en libertad.

OTROS EJEMPLOS DE MANIPULACIÓN

En las dictaduras de derecha, cuando al dictador se le ocurre celebrar unas votaciones para consolidar su posición, a esas votaciones los medios de información y opinión las llaman plebiscito, pero si la dictadura es de izquierda, la cosa es diferente y entonces las llaman elecciones. Luego de celebrada la consulta popular con los resultados lógicos favorables al dictador, si es de derecha, lo siguen llamando dictador, pero si es de izquierda, le siguen llamando Presidente.

Cuando surgen movimientos revolucionarios que tratan de derrocar incluso a gobiernos democráticos, éstos escogen un nombre que los identifique y atraiga simpatías en la opinión pública internacional. Por ello la mayoría se autodenominan y se hacen llamar movimientos de "liberación", sin importar que sea todo lo contrario. Pues bien, si son de izquierda, como la mayoría, los medios informativos respetarán fielmente esa auto-denominación, pero si se trata de un movimiento que quiera derrocar una dictadura comunista, donde verdaderamente se trata de LIBERAR para imponer un régimen democrático, los medios terminan por cambiarles su auto-denominación. Fue el caso de los revolucionarios nicaragüenses que luchaban por imponer en su país un régimen democrático, los llamaban "Somocistas" para hacerlos antipáticos a los ojos de todo el mundo, o bien sencillamente "Los Contras".

Cuando el Comandante Edén Pastora, al frente de los sandinistas, luchaba para derrocar a Somoza, todos los medios de información y los "demócratas" del mundo lo apoyaron, incluyendo el presidente Carter de los Estados Unidos. Pero, al igual que en Cuba, los demócratas fueron traicionados. Como de costumbre, la astucia de la izquierda se impuso sobre la ingenuidad de los verdaderos demócratas. Nicaragua salió de Guatemala para entrar en Guatepeor. No obstante, Edén Pastora volvió a la carga comandando el movimiento para derrocar a los traidores comunistas e imponer la democracia, y entonces, tanto los medios de información como los "demócratas" le dieron la espalda.

Luego llegan a un acuerdo de paz unilateral para Nicaragua, ignorando por completo a las fuerzas rebeldes comandadas por Pastora, que con la ayuda de Estados Unidos -

desgraciadamente la única que recibían- trataba de derrocar a la dictadura comunista, donde ésta se comprometía a no sé cuantas cosas, con tal y le dejaran el camino libre para afianzarse en el poder. Y llegaron a un acuerdo de paz sin tomar en cuenta a las fuerzas irregulares que luchaban por la democracia. Pero si la situación hubiera sido a la inversa y los irregulares hubieran sido de izquierda, pueden jurar que NO habrían llegado a un acuerdo sin tomarlos en cuenta.

¿Hasta dónde llega la ingenuidad o hipocresía de estos supuestos "demócratas"? ¿Qué pacto o convenio respetaron alguna vez los izquierdistas? ¿Qué país totalitario de izquierda ha reconocido alguna vez públicamente que ayudó o esté ayudando a algún movimiento guerrillero o terrorista? ¿Acaso todas sus intervenciones no han sido, son y seguirán siendo clandestinas? Y esto se les facilita porque no tienen prensa libre, ni pueblo a quien rendirle cuentas, ni gente que los presione internamente, o que les critique, o se oponga a cualquiera de las injusticias que cometen. Por lo tanto, bien pueden ellos comprometerse con cualquier movimiento de paz en cualquier parte del mundo que es igual a escribirlo en la orilla del mar. Apenas conseguidas sus exigencias, clandestinamente cambian los nombres, buscan otros pretextos y comienzan de nuevo las hostilidades.

LA OPEP

Los monopolios son perversos. Por ello están prohibidos en muchos países con sistema de libre mercado y de libre empresa.

Sin embargo, se ha creado internacionalmente el monopolio más grande y más dañino del mundo: la OPEP. Y los medios de información no lo denuncian. Porque tanto éstos, como los países miembros en su mayoría, también están en manos de la izquierda, y los dineros los usan para financiar la revolución en todo el mundo, sobre todo acaparando la información y la opinión, y comprando grandes empresas en los Estados Unidos y en todo el mundo occidental.

Mucho es el mal que ocasionan los altos precios del petróleo a todos los países que carecen del mismo. Mientras tanto, son pocos los países productores que se benefician, por la razón de que los dólares provenientes del petróleo se los llevan e utilizan para financiar su revolución en todo el mundo. Con estos dineros los izquierdistas financian a sus candidatos a puestos públicos en todo el mundo, y adquieren o establecen miles de nuevas radiodifusoras, televisoras y periódicos en muchos países con los que adquieren el control de la información, así como la producción de películas y programas para la televisión con los que fomentan el deterioro moral, el lavado de cerebros y la desestabilización de las democracias. De esto cualquiera puede darse cuenta al observar las películas y producciones para televisión que están saliendo. También adquieren o fundan nuevos Bancos y más empresas en todo el mundo. Y aunque la OPEP supuestamente fue creada para ayudar a los países subdesarrollados productores de petróleo, a las claras se ve que no les interesa el bienestar de la población, sino controlar todo el poder económico y político mundial.

Ningún monopolio es justificable. Ni siquiera por el hecho de que sean relacionados a productos no renovables. Y si estos monopolios internacionalmente no los prohíben, más bien podrían incrementarse. Luego podrían seguir los monopolios de fabricantes de productos químicos, o los productores y exportadores de alimentos. Y pare usted de contar.

EL NEUTRALISMO

Mientras los Estados Unidos, la potencia más abierta, libre y democrática del mundo, ve reducida cada vez más su área de influencia militar, económica y política, por otro lado presenciamos el peligroso expansionismo de los países con regímenes totalitarios de izquierda, los más cerrados y represivos del mundo. El observar este gran desequilibrio es lo que nos lleva y motiva a reflexionar sobre los grandes riesgos que corre la humanidad de seguir el neutralismo en los países que aún no estén bajo la órbita de izquierda, que nos conducirá, indudablemente, a perder indefinidamente nuestra independencia y libertad.

Entendemos por neutralismo, la postura política y económica que consiste en mantener un justo equilibrio en las relaciones con los dos bloques o potencias que existen hoy en día, que son antagónicas entre sí y de las cuales dependemos de una forma u otra. Para poder defendernos de una se hace indispensable el apoyo de la otra. Este es el momento actual e histórico que vivimos, y una verdad terminante: Sólo podemos ser neutrales o independientes mientras existan por lo menos esos dos bloques o potencias para poder equilibrarnos, bien estando con las dos, o no estando con ninguna. No hay duda que ésta sería la posición más cómoda y ventajosa, tanto militarmente para no verse mezclado en conflictos ajenos, como económicamente, para tratar de sacar el mayor provecho de cualquiera de las partes, y disfrutar de neutralidad. El gran problema es que ese equilibrio se pierde fácilmente. Y en esto influyen mucho los gobernantes de países considerados como independientes, por la orientación que le den a las relaciones exteriores, tanto políticas como económicas, influenciados por las creencias políticas que tengan. Al perderse este equilibrio, seguirá un debilitamiento progresivo de una, empujado por el fortalecimiento de la otra, que terminará, cuando esa es la finalidad, en el dominio y aniquilamiento de una sobre la otra. Lógicamente, al suceder esto se acaba el neutralismo, se acaba la independencia, al quedarnos sin apoyo ni forma de defendernos, y todos pasamos a ser estados o territorios de un solo imperio.

Washington, Bolívar, Martí y todos nuestros héroes lucharon y dieron sus vidas para que fuéramos países políticamente libres e independientes.

Es lógico entonces pensar que los gobernantes, que realmente desean que sus países sigan libres y conserven la independencia, deberían velar y actuar para que ese equilibrio se mantenga, procurando estar a favor del bloque políticamente más libre y democrático, y en contra del bloque más tirano, agresor y expansionista. Sin embargo, como mantener el equilibrio es muy difícil, lo mejor será apartar el neutralismo y ponernos del lado de la potencia que nos brinde más confianza, la menos expansionista, la menos agresiva, donde se respeten más los derechos humanos, donde la gente esté más conforme y feliz con su sistema de gobierno, y con la que simpaticemos y nos adaptemos mejor la mayoría de los seres humanos, como lo es en libertad y en democracia.

El neutralismo equivaldría a permitir el dominio de una potencia sobre la otra con consecuencias impredecibles.

EL PODER MUNDIAL EN MANOS DE LA IZQUIERDA

Es muy probable que de seguir las cosas como van, muy pronto el poder mundial podría estar en manos de la izquierda.

Porque todos sabemos que su meta es dominar en todas partes. Para esto se organizan y fortalecen, mientras desestabilizan, atemorizan y frenan el desarrollo de los países donde existe la propiedad privada, sean demócratas o no. Se aprovechan de las libertades y debilidades de los países democráticos, que permiten se les mine y destruya desde adentro. Para esto utilizan como arma principal los medios de información y opinión, así como acciones bien planificadas para corromper la sociedad capitalista como: películas difamatorias contra toda autoridad. Por ejemplo: puede haber un Juez corrupto de cada mil, o un policía de cada mil, o un funcionario de cada mil. Pero vemos mil películas y en todas vemos depravación y corrupción. Además observamos infinidad de textos y propaganda bien disimulada y financiada por la izquierda. Nos quieren hacer creer que la sociedad está podrida. Y lo están logrando. Ellos nos corrompen. A todo esto se suma que dentro de los mismos Estados Unidos y demás países demócratas del mundo, la ceguera o ingenuidad de muchos políticos, periodistas e "intelectuales" (tontos útiles que entorpecen la economía de los países libres y colaboran con el expansionismo totalitario de izquierda), la mayoría de ellos son víctimas de esa penetración o propaganda ideológica y que con base a la doctrina de "no intervención" o a un "pacifismo" de un solo lado, cooperan con los izquierdistas haciéndoles más fácil el camino a la conquista mundial.

Decíamos anteriormente que solo se puede ser neutral o independiente mientras existan por lo menos estos dos bloques o potencias y que al desvanecerse uno de éstos como potencia, se acaba el neutralismo y la independencia, al quedarnos los países débiles sin el apoyo del fuerte y todos pasamos a ser estados o territorios de un solo imperio. Decíamos que se está perdiendo el equilibrio del poder mundial a favor de la izquierda y que de seguir el neutralismo en los países que no están todavía bajo su órbita, seguirá un debilitamiento progresivo de los Estados Unidos (la potencia más abierta, libre y democrática del mundo), empujado por el fortalecimiento del bloque más cerrado, dictatorial y represivo del mundo, y que terminará (a menos que haya un enfrentamiento nuclear, poco probable) en el aniquilamiento de uno y el dominio del otro. Decíamos también que para evitar esto, debemos ponernos del lado de la potencia que nos brinda más confianza, en donde se respetan más los derechos humanos y en donde la gente está más feliz con su sistema de gobierno, que sin lugar a dudas es los Estados Unidos de Norteamérica. Además de lo dicho anteriormente, ¿por qué otras razones debemos estar con los Estados Unidos, y cuáles serían algunas de las consecuencias de permitir el totalitarismo mundial de izquierda? En primer lugar, porque los Estados Unidos, además de ser una nación libre y democrática, nunca fueron militarmente expansionistas; lo probaron en la Segunda Guerra Mundial cuando eran los únicos que poseían el dominio de la bomba atómica, y perfectamente hubieran podido dominar el mundo, e incluso, acabar con el comunismo. Tampoco se anexaron territorios y ni siquiera se cobraron los costos de la guerra. Rusia por el contrario, impuso su sistema y su dominio a todos los países por los cuales pasaron sus ejércitos. Y mientras los rusos se anexaban unos cuantos países de Europa para esclavizarlos en su sistema, los Estados Unidos implementaron el Plan Marshall para ayudar a todos los países devastados por la guerra, y fundaron las Naciones Unidas con el fin primordial de preservar la paz y recabar fondos para ayudar a los países más necesitados. Desde entonces, los Estados Unidos actúan siempre a la defensiva; sin embargo, no pudieron evitar (por las mismas presiones internas y externas de los medios de izquierda y de "pacifistas" que protestan sólo en países capitalistas), que cayeran bajo el yugo totalitario de izquierda gran cantidad de países, y muchos otros más que están bajo tutela de los comunistas.

Ahora bien, reflexionemos. Dictadura es dictadura. Si los alemanes, inteligentes y civilizados, fueron en una dictadura capaces de acabar a casi todos los judíos, no obstante tener el mundo en su contra, ¿qué no serán capaces de hacer los comunistas ateos cuando dominen el mundo y no tengan oposición? ¿Somos tan ingenuos para creer que entregarán o compartirán el poder? Y cuando llegue ese momento, ¿qué pasará con nosotros los latinos? ¿Cómo nos tratarán los rusos o los chinos? ¿Nos tendrán consideración? ¿A quién nos podríamos quejar? ¿Quién nos garantizará el mínimo respeto por los derechos humanos? ¿Acaso creen en Dios? ¿Acaso tienen moral y escrúpulos? ¿Acaso han probado lo contrario? ¿Acaso les ha importado los medios para conseguir sus fines? Si por lo que ellos creen, no les ha importado matar a millones de personas, sean inocentes o no. Si no les ha importado un pito la protesta de los que aún no están bajo su yugo. Si son capaces de mandar a asesinar a sus mismos camaradas, que los han utilizado, que les han servido sus mejores años; y sin embargo, basta que piensen un poquito diferente, que dejen de ser robots, que tengan un poquito de personalidad, para que les llegue el momento en que acaben con ellos sin piedad. Sobran los ejemplos. Entonces, ¿qué pasará luego de que tengan el poder absoluto sobre la tierra? Si no existe para ellos ni religión, ni moral, si son completamente materialistas, ¿acaso dejarán de hacer lo que, según ellos, sea "lo mejor para el mundo"? Por ejemplo: que piensen que los negros o los judíos sean una plaga y que sería beneficioso para el mundo exterminarlos. Por cierto que esto no tiene nada de extraño, ¿acaso han permitido alguna vez inmigrantes negros en Rusia? O podrían eliminar o castrar a los mulatos o los mestizos por ser gente impura. O decidan acabar con los afeminados o los retrasados, o con todos aquellos que ellos consideren que deben eliminar. O simplemente porque a ellos se les antoje de eliminar a los calvos, a los feos, a los narizones, y a todos los que a ellos les de la gana. Estas son solo pequeñas muestras de lo que en realidad podría pasar. Pero podrían suceder cosas aún peores y hoy en día difíciles de imaginar. Ojala y todos los que en una forma u otra estén colaborando para que esto sea una futura realidad, reflexionen y ayuden al mundo a encaminarlo por el bloque de los países libres y democráticos. Que pasen a la historia como defensores de nuestra independencia y libertad, y no como quienes nos esclavizaron y entregaron a los nuevos amos.

Debemos, no solamente apoyar moralmente a los países que desean impedir el expansionismo y dominio mundial y dictatorial de izquierda. Debemos también ayudar materialmente, y legislar nacional e internacionalmente para condenar, combatir y eliminar estas formas de dominio y expansión, como lo son el acaparamiento de los medios de información y opinión, las guerrillas y el terrorismo internacional, ahora acaparando el poder económico mundial y creando monopolios gigantescos.

O estamos con Dios o estamos con el Diablo. No hacer nada equivaldría a dejar tomar el poder mundial a nuestros enemigos y por lo tanto estar a su favor.

ESPEJO DE UN TIRANO EN VENEZUELA

Mirémonos en este espejo. Afortunadamente es una situación local. Pero nos sirve para visualizar y reflexionar sobre la muy grave situación que se puede presentar en un escenario global con un drama parecido. Afortunadamente estamos ante la mirada de todo el mundo y por eso, aún gente también de izquierda pueden parcialmente denunciarlo.

Pero imaginémonos por un momento que el mundo se circunscribiera exclusivamente a Venezuela. Que no existieran los demás países. ¿Creen ustedes sinceramente que Chávez entregaría alguna vez el poder? ¿Acaso habría dejado de hacer todo lo que le viniera en gana? ¿Qué habría pasado con todos los que hoy no lo quieren? ¿Qué habría pasado con todos los que hoy lo critican? ¿Qué habría pasado con todos los que no están de acuerdo con su manera de gobernar? ¿Acaso habría dejado de realizar todas sus ocurrencias por más dañinas y criminales que fueran? ¿Y quiénes se hubieran atrevido a protestarle? ¿Y quiénes se hubieran atrevido a llevarle la contraria? ¿No estarían muertos o encerrados los más valientes o atrevidos? Y los demás, ¿qué habrían podido hacer? Mis amigos, lo mismo pasará si los izquierdistas logran el poder mundial. Con toda seguridad esto acontecerá. Recuerden que controlarán todos los poderes, incluyendo todos los medios de información y opinión, los cuales igualmente serán purgados de todo aquel que difiera o se oponga. Recuerden que se trata del poder mundial, que se trata de mantenerse en el poder. ¿O acaso piensan que el mandamás, o los mandamases dejarán de hacer todo lo "conveniente" a sus creencias y propósitos? ¿Acaso los fines no seguirán justificando todos los medios? Pueden jurar que al igual que con Chávez, lo mismo pasará cuando el poder esté globalizado.

¿Les habrá pasado por la mente a los bien intencionados izquierdistas venezolanos, así como a los de otros países, que los están utilizando para alcanzar y tomar el poder mundial, para luego, como siempre ocurre, desecharlos y arrojarlos al pipote de la basura? ¿Estarán conscientes de ello los actuales gobernantes de izquierda? ¿Estará consciente Chávez que lo están usando para luego tirarlo al pipote de la basura? Recuerden: todo es válido para conseguir y mantener el poder. ¿Y tiene algo de extraño que desde hace tiempo les vengan aplicando buenas dosis de su misma medicina? ¿Estarán conscientes los izquierdistas, que el camino que transitan es el de la regresión, la servidumbre y la sumisión? Donde sólo existirán dos clases: La clase de los que mandan, y la clase de los que tienen que obedecer. Los amos y los esclavos. Y cuando llegue ese momento. ¿Quién se atrevería a contradecirle al amo? ¿Cómo podría surgir algún tipo de oposición? Y si seguimos por el camino en que estamos, no cabe la menor duda que llegaremos allá. Por ejemplo: ¿Cree alguno de Uds. que en la actualidad los cabecillas del comunismo internacional no saben de sobra como llevar comodidad y bienestar a los ciudadanos de todo el mundo, incluso en completa libertad? ¿Acaso no conocen ya todos los secretos para transformar y desarrollar cualquier país? ¿No es precisamente por eso que llevan a los capitalistas a producir y a crear riqueza en los países que aún mantienen sometidos? ¿Acaso no saben ellos como erradicar de un solo tajo las guerras, la violencia y la delincuencia? ¿Acaso ignoran lo que le es bueno al sistema capitalista y todo lo que le es malo? Si todo ese esfuerzo que hacen los izquierdistas desde hace mucho tiempo tratando de destruir nuestro sistema de libre empresa, lo orientaran al progreso, al perfeccionamiento de la democracia y a llevar bienestar a los más necesitados, ¡Que distinta serían las cosas! ¡Que distinto sería el mundo! ¡Cuantos años perdidos! ¡Que desperdicio de voluntad y trabajo! ¡Cuantas muertes inútiles! ¡Cuánta miseria y destrucción estéril! ¿Será que realmente ignoran que su trabajo nos está llevando a todos a perder indefinida e irremediablemente nuestra independencia y libertad? ¿Será que no ven con claridad lo que hay al final del túnel? Que al ir acaparando la información y la opinión y todo el poder económico y político, están creando un monopolio gigantesco con una sola directriz a la que todos estaremos en la obligación de acatar. No tengo la menor duda de que jamás volveremos a ser independientes. Que nos conducen a una trampa de la cual difícilmente podremos salir. Y de nada valdrá el arrepentimiento. Es lastimoso ver cómo se desperdician tantos recursos financieros y humanos por una causa ajena y esclavista. Pobres mulatos y mestizos y razas que los mandamases del partido consideren conveniente eliminar cuando el mundo llegue a ser una sola dictadura. ¿Con qué fuerza podríamos los venezolanos u otras personas de otros países subdesarrollados hacernos respetar, aún en el caso de lograr mejor tecnología? Sólo en ciertos países y por muy poco tiempo se ha podido mantener la democracia. La historia del hombre, ha sido una pugna constante por lograr y acaparar todo el poder. Una serie de regímenes o imperios dictatoriales donde alguien se convierte en un Dios, y al cual todos temen y deben obedecer. Sin ir muy lejos, pues aún hay testigos, uno de estos monstruos en Rusia (Stalin) asesina a más de 20 millones de compatriotas. Y otro (Hitler) casi extermina a los judíos. Si esto lo pudieron hacer a espaldas del mundo, ¿qué no serán capaces de hacer cuando no tengan oposición? Recuerden que no hay moral, ni ética, ni principios, ni personas que valgan. Y que así como hoy se valen de todos los medios para conseguir el poder, igual los seguirán justificando para mantenerlo. Jamás permitirán algún tipo de oposición. ¿Y cuáles serían las metas a seguir? ¿Acaso el amo llegará a pensar que actúa equivocadamente?

Volviendo al espejo de Chávez, y suponiendo que no existieran los demás países. ¿Qué habría pasado con todos los "desequilibrados" que no estén de acuerdo con lo que él dice o quiera hacer? ¿Qué haría Chávez si estuviera en la cumbre del poder mundial con todos los "desequilibrados" que no estén de acuerdo con él? ¿Quien se atrevería a contradecirle? ¿Sacaremos nuestras armas nucleares y nos enfrentaremos a él? Supongamos que considere a algunas razas como indeseables y decida exterminarlas, o a todos los que según él deban ser eliminados.

Por todo ello, mis amigos, les invito ha reflexionar, de manera especial a todos los que de alguna manera tienen la posibilidad de hacer algo en estos momentos para cambiar el rumbo que llevamos, ya que en sus manos podría estar el futuro de todo el mundo, y a todas las demás personas que entiendan y compartan estos puntos de vista.

EL DESARME

Es posible que un desarme nuclear en gran escala pueda salvar al mundo de una guerra nuclear, pero también es muy probable que ese mismo desarme sea lo que necesite la izquierda para conquistar más rápidamente y sin riesgo a los países libres.

La Tercera Guerra Mundial se libra en estos momentos. La tercera guerra no es un enfrentamiento directo entre potencias con todo el poderío militar y sus diabólicos armamentos. Y la razón es de una lógica contundente: el instinto de conservación. A nadie le gusta morir, ni matar a los suyos, y menos en esa forma. Si hemos visto terroristas suicidas, es porque les hicieron creer que ayudaban a los suyos y que por su obra alcanzarían la inmortalidad, concepto que no comparten los rusos ni los norteamericanos.

Claramente hablando, todos tienen miedo, y con razón. Nadie se atrevería a iniciar una guerra nuclear porque sería suicidarse.

Sin embargo, siempre habría la posibilidad de que una de las potencias, al verse acorralada, prefiera acabarse con todos, antes que verse ante la humillación y la derrota. Y ese es el riesgo que quieren eliminar al desarmar a los Estados Unidos.

La Tercera Guerra Mundial ya la estamos presenciando, y el desarme puede ser la batalla más importante que le ganen a los países libres. La tercera guerra podemos darnos cuenta quién la gana y quién la pierde al leer la prensa todos los días, al escuchar la radio o ver la televisión.

Allí nos enteramos de los gobiernos que caen y los que se inician cada día, si son de izquierda o de derecha. De los procesos electorales en los países democráticos, quiénes van a gobernar, con qué ideas, y a favor de qué bloque están; si ayudan a destruir a los países libres, o si luchan contra el totalitarismo de izquierda. Nos informamos de las guerrillas, y en qué países se libran, si luchan contra la tiranía o si por el contrario lo hacen en contra de la democracia para imponer regímenes totalitarios de izquierda. Podemos observar a favor de quién están los dirigentes de los organismos internacionales como la ONU. o la OEA, y también darnos cuenta con quién están parcializados los medios informativos, de cómo se colocan las noticias, de cómo se destacan unas y se omiten o se esconden otras.

Por otro lado podemos observar como se están preparando los futuros gobernantes en nuestras universidades democráticas, si les están enseñando lo bueno de la libre empresa y lo malo del marxismo, o si es todo lo contrario. También podemos observar los programas de opinión, cómo los orientan, de que lado están los "analistas" que entrevistan, si están a favor de la izquierda o están con la derecha, si están culturizando a la gente o la están corrompiendo y desmoralizando. Y si somos buenos observadores, nos daremos cuenta que la Tercera Guerra Mundial la está ganando abrumadoramente la izquierda, que los países que están bajo su órbita están bien controlados, que cada vez hay más gobernantes de izquierda y menos de derecha, que los dictadores de izquierda son bienvenidos hasta en los países libres y democráticos, y en cambio los de derecha, si aún quedan, ya no los quieren ni en los mismos países "democráticos".

Otra gran desventaja que tienen los países democráticos ante los izquierdistas es que éstos no permiten internamente ninguna clase de oposición. En cambio, en los países democráticos con sistema de libre empresa, los izquierdistas se aprovechan de las bondades de este sistema, no para engrandecerlo, sino para destruirlo.

Por otro lado, proporcionalmente a su número de habitantes, los mayores ejércitos, entrenados y armados, los tienen los países controlados por la izquierda, en contraste con muchos países libres que ni cuentan con un ejército.

Dicho de otra manera, la izquierda no tiene necesidad de su fuerza nuclear para conquistar el planeta. Y si logra conseguir un desarme nuclear general, habrá ganado la Tercera Guerra Mundial.

En cambio, los Estados Unidos, de acuerdo a como van las cosas, sí podrían necesitar su fuerza nuclear, pues aún quedando completamente aislados y sin apoyo de otros países, serán siempre respetados mientras pelen sus dientes atómicos.

Lamentablemente, somos libres mientras lo sean los Estados Unidos; si caen éstos, nosotros también. Por consiguiente, la mejor política que adopten los Estados Unidos para su defensa y en contra del expansionismo de izquierda, será también la mejor para todos los que amamos la libertad.

CUANDO "NOS EXPLOTABAN" LOS NORTEAMERICANOS

¿Y quién mejor para narrar la convivencia entre venezolanos y norteamericanos que un ex trabajador de la industria petrolera?

El artículo que leerán a continuación salió publicado en un diario venezolano a mediados de 1982 y que aquí reproducimos parte de él con el permiso de su autor, R.A. Pampolini.

EL CASI PARAISO TERRENAL ... EN VENEZUELA

Por: R. A. Pampoline

Es una obligación moral la de transmitir a los demás los acontecimientos que dan luz a la creación de Dios, y es un "pecado de omisión" el no reconocer un bien y no dar gracias a su creador. Cuando "el hombre" logra realizar una obra que ELEVA por su belleza, por su funcionalidad, y por su genialidad, la vida de los humanos, él cumple una acción santa. Es justo entonces, hacerla conocer con el fin de motivar e incentivar a los demás. Noble y bueno es pagar nuestra deuda hacia quien nos ha dado tanto.

Aquí estoy hoy, para describir algo inédito y que se refiere a cuando he tenido la suerte de vivir una experiencia interesante: La de trabajar para la compañía: CREOLE PETROLEUM CORPORATION en el área de La Salina (CABIMAS) de la Costa Oriental del Lago de Maracaibo. Estado Zulia, Venezuela.

Fue una verdadera revelación y sorpresa muy bella observar lo lindo de los campos petroleros "HOLLYWOOD" y "LAS CUPULAS", sus pequeñas casitas funcionales, nada de lujo, pero bellas y sus calles bien construidas, bien mantenidas, con su grama siempre podada, con sus matas de todo tipo alrededor de las casas. Los servicios esenciales como luz, agua, gas y teléfono suministrados con criterios precisos de eficiencia, pero, sobre todo de funcionalidad, confiables. En los 5 años que tuve la suerte de vivir en "LAS CUPULAS" no faltaron los servicios sino una sola vez y esto fue por pocas horas.

Los momentos más gratos eran las horas de la mañanita y las horas de la puesta del sol. Dos fenómenos celestiales que se aprecian a toda época con notable intensidad, y la emoción era en aquellos días felices, tan fuerte, que uno no podía dejar de darle gracias a Dios y gracias a Venezuela. Embarcarse en una lancha de la compañía para viajar por el lago a las 6 de la mañana era otra experiencia de gran motivación hacia la belleza del Lago, y sus condiciones climáticas de casi Paraíso Terrenal. Que impresión tan agradable ver las costas de LA SALINA, TIA JUANA Y LAGUNILLAS desde el Lago y la expectativa del regreso al campo a las 5 de la tarde, con el sol en posición de alumbrar con sus rayos inclinados, dando inicio a su "Gloriosa Puesta" proyectando diferentes colores en el gran Arco Iris del CIELO DE DIOS. Llegar al muelle y regresar a las bellas casitas, tan acogedoras y tan gratas....

La Organización Americana, típica de CREOLE, manifestó todos sus talentos construyendo áreas para que el hombre viviera una vida digna y fructífera de bienes.

El hombre, cuyo don de vida debe contribuir para que la humanidad sea feliz, tenía a su alcance todo lo necesario para desarrollar por sí mismo el ambiente y sus alrededores.

Un área que mucho me agradaba era el patio de los talleres centrales: Grande y espaciosa, nivelada, asfaltada y bien construida. El viento fresco de la mañana da vida a las diferentes construcciones periféricas. Una construcción práctica de láminas acanaladas, con su techo de láminas onduladas de aluminio.

Simpáticos aspiradores de aire giraban en la cumbre de los techos; parecían grandes "espíritus del Dios EOLO" con sus aspas "gira-viento" en perpetua rotación... Los hombres de América saben planificar, saben de ingeniería de campo, y saben también de poesía.

Decía yo que era lo mejor que había visto en mi vida. El patio de los Talleres Centrales era la más bella área diseñada por y para el hombre. Funcional, tanto, que daba gusto moverse con un carro por aquellos rincones: Un almacén a la derecha repleto de miles de equipos mecánicos y eléctricos en ordenados andamios metálicos, bajo una ventilación constante y fresca, que daba gusto buscar un repuesto en aquellos almacenes. El orden del almacenamiento, la cortesía de los encargados, las referencias rápidas y seguras, la certeza de encontrar el artefacto.

Todo indicaba a ver con cariño los grandes Almacenes de la CREOLE. A la entrada estaban los talleres del servicio eléctrico y daba gusto también entrar en ellos. Se notaba eficiencia, espacio y funcionalidad. Mucha cortesía entre norteamericanos y venezolanos. Gran deseo de colaboración y excelentes relaciones humanas. Los norteamericanos se ganaban el corazón de los venezolanos y viceversa. Ambos se estimaban y se apreciaban: ir a trabajar con ellos era un privilegio.

A las 6 y 30 de la mañana nadie faltaba a su trabajo. Todo el mundo estaba para las labores del día. Casi siempre en sitios sumamente agradables como eran las subestaciones eléctricas ubicadas a la orilla del lago, o lago adentro a dos horas en lancha. Una plataforma bellísima repleta de equipos eléctricos de gran adelanto, de bombas de gran potencia, de salas de máquinas fascinadoras por la complicada instrumentación, por la capacidad de controlar grandes flujos de gas y de petróleo. Todo muy limpio, todo muy moderno, todo muy preciso y bello a la vista y a la mente. Manejar aquello, entender aquello, era altamente sugestivo.

De regreso al campo, después de tantas labores interesantes, uno se sentía armonizado con Dios. De noche, el campo con sus luces, con sus bellas calles invitaba al reposo, a la reunión, a la comunicación. La comunidad CREOLE era verdaderamente un rincón de Dios. Los niños de regreso de la escuela nos daban la certeza del futuro: un gran futuro. Las escuelas eran bellas y funcionales. La escuela central de las Cúpulas era un sueño de escuela primaria. Espacio, luz, clases, ambiente, equipo pedagógico, asientos, pizarrones, etc. Todo bien diseñado y bien ordenado. Aquí el orden es sinónimo de belleza, de funcionalidad, de eficiencia. Benditos Americanos, como ellos sabían éstas cosas... lo mejor de ellos lo dejaron en aquellos campos tan placenteros, tan útiles para una vida feliz de la humanidad. Lo fácil que era visitar a los demás residentes de la comunidad, era otra ventaja grandísima de la vida en el campo.

Era placentero reunirse en la casa de un amigo, charlar, dialogar y tomar... un trago también. Si no, al Club, a pocos centenares de metros. No valía la pena meterse en un carro. A pie se llegaba al Club de La Salina, con sus facilidades a la orden de los trabajadores y de las familias de la CREOLE. Conferencias, charlas, cine, estudio, lectura, bowling, tenis, piscina, todo a la mano del usuario. El servicio de limpieza era de permanente atención por parte de la empresa que mantenía las calles limpias, lindas, agradables así como los servicios del club. Que ejemplo de eficiencia aprendimos en la comunidad con los norteamericanos. Hombres de estatura, no solamente en lo físico, sino también moral. Cumplidores, serios, atentos y serviciales. Pedirle un favor a un "Muciú" era hacerle cosa grata: I'm very glad to please you... siento agrado en hacerle un favor... y a los muy cultos... yés, sir... let me help you... si señor, permítame ayudarle... así también, nos decían las señoras gringas, llenas de ganas de servir... ¿Cuándo volveremos a tener un ambiente tan amable y armonizado como aquello?

Las Navidades más creadoras y evocadoras del espíritu del "Niño Jesús" fueron aquellas de los años que vivimos con los gringos de la CREOLE. Los campos se llenaban de luces y motivos navideños. Cada casa con sus arbolitos y sus niveles en las ramas. "Gingle Bell" y "Noche Buena" espaciando con sus notas musicales y las estrellas de los arbolitos de Navidad de cada casa. Un cielo terso, el cielo de la noche buena, haciendo ambiente por las alturas de los campos en perfecta armonía con la felicidad de la recurrencia natalicia. Las diferentes "lenguas" bajo el CIELO DEL NIÑO JESUS no hacían diferencias: el hombre bueno es amigo de todos, y los gringos y los criollos vivíamos en santa paz, celebrando la suerte de ser primero hijos de DIOS. Recuerdos gratos aquellos que llevaré conmigo para la eternidad: la fraternidad vivida en los campos

211

petroleros. *No se debe olvidar que la humanidad puede ser feliz si sabe fraternizar, si sabe reconocer lo bueno de cada uno, si sabe tolerar los defectos y sobre todo apreciar las tantas cosas buenas que son comunes a todos los humanos. Debemos obrar para que la gran experiencia de una convivencia entre gentes diferentes, como se realizó en los campos petroleros CREOLE no se pierda. Que se analice profundamente sobre la importancia de convivir y de permitir que los talentos se desarrollen, así como ocurrió con los hombres del Norte que supieron darnos un modelo, una norma de cómo se puede vivir en una comunidad casi perfecta. Copiar y meditar sobre lo realizado por aquellos hombres es nuestro reto. No será fácil lograr tan grandes resultados, esto es verdad: pero debemos hacer todo intento por realizarlos.*

Los norteamericanos lo habían visto en Europa, cuando llegaron a Italia al término de la segunda guerra mundial, llenos de amistad y de amor hacia el prójimo sufrido y armados solamente de una gran esperanza y nobleza en sus corazones, y la capacidad y el entusiasmo para ayudar a los demás y participar con sus bienes y sus ganas de vivir.

MENSAJE FINAL

Vehemente espero que al terminar de leerse este libro, el lector tendrá una visión mucho mas clara de la relación existente entre las medidas políticas y los efectos económicos que nos afectan a todos. Espero que todos hayan comprendido por qué es mejor el sistema de libre empresa, por qué no funcionan las regulaciones de precios, la inamovilidad laboral, y los aumentos de salario por decreto. Ansío que este libro ayude a una mejor relación laboral y humana entre los empresarios y sus trabajadores.

SOBRE EL AUTOR

Adolfo García Méndez es un exitoso productor agropecuario, quien desde muy temprana edad ha trabajado en el campo, aprendiendo desde abajo el conocimiento y la experiencia que da el trabajo aprendido desde sus bases. Adolfo conoce al detalle el proceso económico que regula toda actividad remunerativa. Bajo la tutela inicial de su padre, también productor agropecuario, se dio cuenta de la interrelación obligada que existe entre las medidas políticas y el resultado económico que afecta el éxito de cualquier empresa, comunidad o país.

Adolfo posee una capacidad de observación y análisis pocas veces vista en una misma persona, con un deseo de superación e información sobre el por qué de las cosas. Columnista de varios periódicos nacionales, ha dedicado gran parte de su vida a observar y analizar los aspectos económicos y su correlación con los aspectos y medidas políticas que ocurren y afectan a nuestros países y al mundo entero. Este primer libro que publica hoy, viene a llenar un gran vacío en el mundo literario que trata sobre Política y Economía. Estoy seguro que otras publicaciones vendrán a ayudarnos a ver las cosas complejas con una claridad que solo él sabe expresar.

Leonardo García Méndez